दिल से मैंने दुनिया देखी

[यात्रा-संस्मरण]

दिल से मैंने दुनिया देखी

हरिवंश

सम्पादक
सुरेश शर्मा

राजकमल प्रकाशन

ISBN : 978-81-267-3076-6

मूल्य : ₹350

पहला संस्करण : 2018

प्रकाशक : राजकमल प्रकाशन प्रा. लि.
1-बी, नेताजी सुभाष मार्ग, दरियागंज
नई दिल्ली-110 002

शाखाएँ : अशोक राजपथ, साइंस कॉलेज के सामने, पटना-800 006
पहली मंजिल, दरबारी बिल्डिंग, महात्मा गांधी मार्ग, इलाहाबाद-211 001
36 ए, शेक्सपियर सरणी, कोलकाता-700 017

वेबसाइट : www.rajkamalprakashan.com
ई-मेल : info@rajkamalprakashan.com

मुद्रक : बी.के. ऑफसेट
नवीन शाहदरा, दिल्ली-110 032

DIL SE MAINE DUNIYA DEKHI
Travel memorial by Harivansh
Edited by Suresh Sharma

दिल से देखी दुनिया

हिन्दी में पहली बार भारतेन्दु के यात्रा-संस्मरण 'वैद्यनाथधाम की यात्रा' में साहित्यिक संवेदना को विस्तार मिला था। उन्हीं दिनों 1883 में हरदेवी की यात्रा पुस्तक 'लन्दन यात्रा' ओरिएंट प्रेस लाहौर में प्रकाशित हुई थी। उसमें भी साहित्यिक संवेदना का स्पर्श है। उसके बाद पिछले 134 वर्षों में राहुल, बेनीपुरी, अज्ञेय, निर्मल वर्मा, रघुवीर सहाय, प्रो. कृष्णनाथ और प्रभाष जोशी जैसे लेखकों-पत्रकारों ने इस विधा की साहित्यिक स्तरीयता को नया रूप दिया है। ये यात्रा-वृत्तान्त महज जगहों के ब्यौरे नहीं हैं बल्कि उनमें मानवीय संवेदना के नए प्रसंगों की तलाश की गई है। जाने-माने पत्रकार और सांसद हरिवंश की यह पुस्तक भी यात्रा स्थानों की नई जानकारियाँ देने के साथ सघन मानवीय संवेदना की भी तलाश करती है।

हरिवंश ने एक पत्रकार की हैसियत से पिछले दो दशकों में विश्व के विभिन्न देशों की यात्राएँ की हैं। जिन देशों में वे गए हैं, उनके नाम हैं : अमेरिका, सिंगापुर, दक्षिण अमेरिका-यूरोप, पाकिस्तान, दक्षिण कोरिया, रूस, दक्षिण अफ्रीका, स्वीडन, इटली, जापान और मॉरीशस। 1994 से 2011 के बीच हरिवंश इन देशों में गए और तत्काल उनका वृत्तान्त लिखा। 'प्रभात खबर' दैनिक में वे उन्हीं दिनों छपे। यह पुस्तक उन्हीं यात्रा संस्मरणों का संकलन है।

हिन्दी के ज्यादातर पत्रकारों के यात्रा-वृत्तान्त महज 'रपट' होते हैं। उनके केन्द्र में सिर्फ तथ्य और विवरण होते हैं। लेकिन हरिवंश के ये यात्रा-वृत्तान्त तथ्य और विवरण के साथ ही संवेदनात्मक मानवीय प्रसंगों से भरे हैं। यह विशेषता हरिवंश की पत्रकारीय यात्रा 'रपटों' को साहित्यिक यात्रा 'कथा' बना देती है! अपने पहले ही वृत्तान्त में हरिवंश लिखते हैं :

''जहाज फ्रैंकफर्ट में उतरेगा। पहाड़ों के बहुत ऊपर विमान उड़ रहा है। पर चाँद दिख रहा है, बहुत साफ और बहुत सुन्दर। नीचे पहाड़ों पर कहीं-कहीं घने बादल छाए हैं। दूर-दूर तक पहाड़ों की बड़ी-बड़ी चोटियाँ दिखती हैं। रंग-मटमैला। धुन्ध में लिपटी शायद सदियों से। दुनिया कितनी सुन्दर है! विस्तृत-व्यापक! हम कितने

छोटे हैं! जहाँ ठौर है वही हमारी दुनिया है। पृथ्वी का यह फैलाव, समुद्र की व्यापकता, पहाड़ों की गोद, नीले अक्षत आसमान का सौन्दर्य और फिर पूरा सौरमंडल। यह उदात्त दृष्टि जीवन का संकुचन खोलती है। संकीर्णता से ऊपर उठाती है।''

विचार के साथ ही संवेदनात्मक दृष्टिकोण का समन्वय हरिवंश की यात्रा-कथा को यादगार बना देता है।

यात्रा के दौरान हरिवंश के मन में हमेशा एक समानान्तर अन्तर्यात्रा चलती रहती है। परदेस में उन्हें हमेशा अपना 'देस' याद आता रहता है—'देस में निकला होगा चाँद... ।' हमेशा लगता है कि विदेश में भी वे अपने देश की ही तलाश कर रहे हैं। सिंगापुर की त्वरित प्रगति को देखकर तुरन्त उन्हें अपना देश याद आता है : 'सिंगापुर घूमते, देखते और उस पर लिखते हुए भारतीय दृष्टि डंक मारती है। भारतीय राजनेता, शासक और विचारक कहते हैं कि 40 लाख की आबादी को मैनेज करना और 100 करोड़ का प्रबन्ध करना अलग है। कहाँ तुलना हो सकती है! यह असमर्थता का रुदन है। कर्म और संकल्प की पराजय है।.....सिंगापुर की 40 लाख की आबादी ने विकास का नया अध्याय लिखा पर 100 करोड़ की आबादी का हमारा देश पहचान नहीं बना सका!'...

हरिवंश की यह प्रवृत्ति उन्हें दूसरे यात्रा संस्मरण लेखकों से अलग करती है। वे सम्पन्न देशों की मायावी समृद्धि देखकर आह्लादित नहीं होते। ऐसे प्रसंगों में अपने देश का दुःख उन्हें सालता है। विदेशों में अपने अनुपस्थित देश की लगातार उपस्थिति उनके यात्रा आलेख को नए उद्देश्यों से जोड़ती है। आमतौर पर दूसरे यात्रा संस्मरणों में चकित होते रहने का भाव मिलता है, लेकिन हरिवंश के यात्रा लेखन का स्थायी भाव राष्ट्रीय चिन्ता है—...एम्सटर्डम की यात्रा के दौरान हरिवंश लिखते हैं : ''डच में एक कहावत है—भगवान ने समुद्र बनाया और डच लोगों ने बन्दरगाह। यह अर्थपूर्ण है। हमें जो धरती, प्रकृति और परिवेश मिले हैं, उन्हें सुन्दर बनाना हमारे सामर्थ्य, पौरुष, कर्म और सोच पर निर्भर है। कीचड़ और कछार पर एम्सटर्डम विकसित हो सकता है। कूड़े के ढेर और दलदल पर वाशिंगटन शहर बस सकता है। मछुआरों की बस्ती से सिंगापुर का जन्म हो सकता है। कैसे ?...डेढ़ करोड़ की आबादी वाला देश हॉलैंड तथा 112 करोड़ की आबादी वाला देश भारत! डेढ़ करोड़ लोग अपने बाहुबल, परिश्रम और अप्रोच से दुनिया में छा सकते हैं और 112 करोड़ की आबादी का देश भारत दुनिया के स्तर पर कोई हैसियत न रख पाए! यह सच मुझे बेचैन करता है।''

हरिवंश के यात्रा संस्मरणों में लगातार यह बेचैनी दिखाई देती है। इसलिए हरिवंश की ये यात्राएँ अन्तर्यात्राएँ भी हैं। आमतौर पर यात्रा संस्मरणों में स्थान और

दृश्य के लम्बे वर्णन होते हैं। उनमें अधिक से अधिक डूब जाने की प्रवृत्ति होती है। रस लेकर उनका बयान होता है। इस प्रक्रिया में यात्रा-वृत्तान्त की केन्द्रीय विशेषता खबरधर्मिता पीछे छूट जाती है। लेकिन पत्रकार होने के कारण हरिवंश के यात्रा-वृत्तान्त में खबरधर्मिता हमेशा बनी रहती है। उनके यात्रा आलेखों की सृजन प्रक्रिया का स्वरूप खबर-केन्द्रित है। वे जहाँ भी जाते हैं, उनका प्रयास होता है उन जगहों के यथार्थ को इस तरह प्रस्तुत करें कि वह समय और समाज की समझ को विस्तार दे। उन जगहों में खबर की तरह ऐसा क्या है जो वर्तमान की हमारी समझ को समृद्ध कर सकता है? हरिवंश अपने यात्रा लेखन में इन उद्देश्यों से निर्धारित होते हैं और हिन्दी के यात्रा साहित्य को नया रूप देते हैं। हरिवंश की सबसे बड़ी उपलब्धि यह है कि उनके ये यात्रा-वृत्तान्त पत्रकारिता और साहित्य का रचनात्मक समन्वय हैं। उनकी यह विशेषता इन यात्रा-कथाओं को बार-बार पठनीय बनाती है। यात्रा संस्मरणों के सम्पादन में हरिवंश जी ने मुझे जितनी स्वतंत्रता दी, वह उनके जैसा श्रेष्ठ सम्पादक ही दे सकता है! उनका आभारी हूँ। उनके अन्य लेखन भी उतना ही महत्त्वपूर्ण है। उसका संकलन भी आना चाहिए।

अन्तहीन व्यस्तताओं के कारण हरिवंश जी की इस पुस्तक के सम्पादन में थोड़ा विलम्ब हुआ है। राजकमल प्रकाशन के प्रमुख और मित्र अशोक महेश्वरी के असीमित धैर्य का मैं हमेशा से प्रशंसक रहा हूँ, जो हमेशा से मेरे द्वारा किए गए विलम्ब को भूल जाते रहे हैं। पुस्तक के सम्पादन के दौरान डॉ. राधिका शर्मा, तथगत प्रकाश और नवागत प्रकाश ने अनेक स्तरों पर सहायता की। मैं सब स्नेही जनों का आभारी हूँ।

—सुरेश शर्मा

अनुक्रम

अमेरिका

सिंगापुर, हांगकांग और चीन

दक्षिण अमेरिका-यूरोप

पाकिस्तान

अमेरिका

फ्रैंकफर्ट से एक साथ कई विमान उड़ान भरते हैं

24.09.94 की सुबह नींद विमान में ही खुली। डेल्ट एयरलाइंस, अमेरिकी विमान सेवा है। पैन एम दशकों पूर्व खत्म हो गया। अब डेल्ट एयरलाइंस हैं। दिल्ली-फ्रैंकफर्ट की यात्रा है। दिल्ली से विमान रात 2.40 पर उड़ा लगभग सुबह 3.00 बजे। विमान में लगे टी.वी. सेट पर सूचनाएँ आती हैं—फ्रैंकफर्ट-दिल्ली दूरी 3723 मील है। अमेरिका अब भी मील पैमाना कायम रखे हुए है। वहाँ किलोमीटर, मीटर, लीटर का प्रचलन नहीं हो पाया है। पुरानी टेक है। फिर भी अपनी उस पहचान को अमेरिका कायम रखे हुए है। यह संकेत है कि तीसरी दुनिया के देशों की तरह आधुनिकता के कथित प्रवाह में भी उसने अपना पुराना रूप, रस, गन्ध नहीं छोड़ा, जो वह गढ़ता है, वही दूसरे देशों के लिए आधुनिकता का पैमाना है।

दिल्ली से विमान के उड़ते ही सूचना दी जाती है—विमान 9 घंटे 13 मिनट में फ्रैंकफर्ट पहुँचेगा। 13 मिनट का तात्पर्य है 13, 14 या 15 न होना। अमेरिका की ताकत का एक राज यह भी है। विमान में संकेत से बताया जाता है कि फ्रैंकफर्ट तक जाने का मार्ग क्या है। टी.वी. पर साफ-साफ तसवीर आती है। ईयरफोन में स्पष्ट आवाज विमान पाकिस्तान के सिन्ध इलाके से गुजरेगा। देर तक नींद नहीं आती। जो अपना मुल्क था, जिसमें आज भी अपने लोग बसते हैं, जिनकी पीड़ा, जिनका दुख-दर्द अपना लगता है, आज वे कितने दूर हो गए हैं दोनों देशों (भारत-पाक) के शासकों के सौजन्य से। इच्छा होती है कि इस देश की धरती को नजदीक से देखता, अँधेरे में 8000-9000 फीट नीचे देखने की ललक है। पर एक शून्य, डरावने अँधेरे के सिवा और क्या है? अचानक विमान परिचारिका आकर कहती है—रात का समय है, खिड़की बन्द कर लें, रोशनी बाहर दिखाई न दे। आसमान में भी भय है।

सुबह नींद खुलती है। पहली बार इतना बड़ा रेगिस्तान देखता हूँ। सूर्य की किरणें पसर रही हैं, कहीं-कहीं लीक जैसा लगता है। सोचकर सिहरन होती है। फिर अथाह समुद्र अचल और निर्विकार दिखता है। फिर पहाड़ों की शृंखला, शायद अफगानिस्तान की सरहद पार कर रहे हैं। विशालकाय पहाड़ों पर छोटी-छोटी

बस्तियाँ हैं। यूरोप के पहाड़ों पर करीने से बसी बस्तियाँ हैं। मानव श्रम और सृजन की क्षमता का अद्‌भुत प्रतीक। सृजन चुनौती है, संकल्प का प्रतिरूप है, पौरुष की पहचान। भारत शायद सृजन का यह रूप भूल गया है। हिन्दी इलाकों, खासतौर से बिहार में तो पिछले 45 वर्षों में सृजन की भूमि ही बंजर हो गई है। आठ बज रहे हैं। एक घंटे बाद जहाज फ्रैंकफर्ट में उतरेगा। पहाड़ों के बहुत ऊपर विमान उड़ रहा है। खूब धूप है, पर चाँद दिख रहा है। साफ और बहुत सुन्दर। नीचे पहाड़ों पर कहीं-कहीं घने बादल छाये हैं; दूर-दूर तक पहाड़ों की बड़ी-बड़ी चोटियाँ दिखती हैं। रंग मटमैला। धुन्ध में लिपटीं शायद सदियों से। दुनिया कितनी सुन्दर है! विस्तृत-व्यापक। हम कितने छोटे हैं। जहाँ ठौर है, वही हमारी दुनिया है। पृथ्वी का यह फैलाव, समुद्र की व्यापकता, पहाड़ों की गोद, नीले अक्षत आसमान का सौन्दर्य और फिर पूरा सौरमंडल! यह उदात्त दृष्टि जीवन का संकुचन खोलती है। संकीर्णता से ऊपर उठाती है, संघर्ष--हिंसा और नफ़रत से भरे समाज में शायद यही सार्वभौम दृष्टि के ठेकेदार बन गए हैं। कथित सन्त, महात्मा या अध्यात्म की दुकान चलानेवाले, इस अद्‌भुत विरासत को इन ठेकेदारों के दायरे से निकालने में ही कल्याण है।

विमान उतरने में घंटे भर की देर है। 11,900 मीटर की ऊँचाई पर विमान उड़ रहा है। लगभग 40,000 फीट ऊपर, 848 किलोमीटर प्रति घंटा की रफ्तार है। विमान के बाहर (माइनस)-61 डिग्री तापमान है। बगदाद के ऊपर उड़ते हुए, बुडापेस्ट-वियना के ऊपर से गुजरा। आल्पस पर्वत शृंखला की बगल से इस्ताम्बुल के ऊपर भी। इन स्थानों का कितना बहुरंगी इतिहास रहा है! भरा-पूरा, पर आज आधुनिकता की रौ मैं कितने लोगों को यह याद है!

विमान भारतीय समय से 9.00 बजे ही उतर गया। फ्रैंकफर्ट में सुबह के आठ बजे हैं। खूबसूरत हवाई अड्‌डों में से एक। एक ही साथ पाँच-पाँच जहाज उड़ान भरते-उतरते हैं।

फ्रैंकफर्ट से रवानगी। हवाई पट्‌टियों की व्यस्तता के कारण विलम्ब। विमान 767-300 है। विशालकाय। राइन नदी के किनारे-किनारे ब्रुसेल्स के ऊपर से। राजधानी बॉन के बगल से। विमान उड़ता है। 4.08 पर वाशिंगटन पहुँचने की घोषणा। 35,000 फीट की ऊँचाई पर उड़ान है।

फ्रैंकफर्ट विशाल हवाई अड्‌डा है। अन्दर से अति खूबसूरत और साफ-सुथरा। बम्बई-दिल्ली इसके गाँव लगते हैं। हवाई अड्‌डे के ऊपर आसपास घने जंगल दिखते हैं। जर्मनी में काफी जंगल हैं। ग्रीन पार्टी का आन्दोलन रंग ला रहा है। दूसरी ओर भारत के आबाद जंगल उजड़ रहे हैं। फ्रैंकफर्ट हवाई अड्‌डे के बाहर विमानों की भरमार है, तो हवाई अड्‌डे के अन्दर सुन्दर दुकानों की। भारी तादाद में यात्री

हैं। भारतीय, पाकिस्तानी, बांग्लादेशी अच्छी संख्या में हैं। दुनिया में प्रतिभा, क्षमता और काम में इस उपमहाद्वीप के लोग कहीं भी चमक सकते हैं, पर अपने-अपने मुल्क में असहाय हैं। किसी भी काम को सुन्दर और प्रेरक तरीके से करना कला है। यह कला हमें सीखनी पड़ेगी।

(15 अक्टूबर, 1994)

बदल रहे हैं खाड़ी के शेख

फ्रैंकफर्ट-वाशिंगटन उड़ान में विदेशी लोगों की भरमार है। दिल्ली-फ्रैंकफर्ट उड़ान में अच्छी संख्या में भारतीय थे। खासतौर से सिख और भारतीय। फ्रैंकफर्ट तक विमान में अंग्रेजी के साथ-साथ हिन्दी में भी सूचना दी जाती थी। फ्रैंकफर्ट में जर्मन-अंग्रेजी है। हिन्दी पिछड़ रही है। यह एहसास हिन्दीवालों को नहीं है। एक मित्र चिन्तित थे कि यही स्थिति रही तो 100 वर्षों में इस भाषा को पुन: किसी भारतेन्दु हरिश्चन्द की जरूरत पड़ेगी। खुलती दुनिया को देखकर यही लगता है। व्यवसाय-रोजगार का बोलबाला है। नई दुनिया बन रही है, पुरानी छीज रही है। यह नई दुनिया है, नई कारोबारी संस्कृति की; पर नई हिन्दी का फैलाव रोजगार-कारोबार में नहीं हो रहा। खाड़ी के देश आगे दौड़ रहे हैं। तेल के पैसे का शेख अब समझदारी से इस्तेमाल कर रहे हैं। अपने बाल-बच्चों को पश्चिमी देशों में पढ़ा रहे हैं। दुनिया के जो चुनिन्दे 25-30 बिजनेस स्कूल हैं, उनमें शेखों के लड़कों की बहुतायत है। यह पीढ़ी जब पूरी तरह कारोबार में उतरेगी, तो खाड़ी के देश तिजारत में भी (सिर्फ तेल से नहीं) अपनी जगह बनाएँगे। भारत, बांग्लादेश और पाकिस्तान को इनके भविष्य को समझना होगा। इस नई दुनिया में मुझे बिहार की स्मृति बार-बार झकझोरती है। उसकी क्या जगह होगी?

अटलांटिक महासागर के ऊपर से विमान उड़ता है। आसमान जितना गहरा नीला दिखता है, उतना ही नीचे का महासागर! विराट ब्रह्मांड की झलक! मनुष्य ने अपने सृजन से कितना कुछ नया किया है। दुनिया की ढूँढ़ने में कोलम्बस-वास्कोडिगामा को कितने वर्ष लगे? कितनी कठिनाइयाँ झेलीं। इन दोनों के पूर्व न जाने कितने लोग खत्म हो गए होंगे, पर आज उस कुर्बानी पर ही तो दुनिया में 'ग्लोबलाइजेशन' का सपना देखा जा रहा है। दुनिया गाँव बन रही है।

पश्चिमी हवाई जहाज में बूढ़े लोगों का आदर है। पहले उन्हें चढ़ाते हैं फिर दूसरों को न्योतते हैं। 24 सितम्बर : रात के एक बजे हैं। नींद उचटती है। 24 को सुबह 2.40 बजे (23 सितम्बर की रात) चलकर तकनीकी रूप से उसी दिन शाम हम अमेरिका पहुँचे, शाम 4.10 पर। यह समय का मायाजाल है। भारत से चलकर

अमेरिका-वाशिंगटन (डीसी) पहुँचने में कुल चौबीस घंटे लगते हैं। बीच में चार घंटे फ्रैंकफर्ट हवाई अड्डे पर विमान की प्रतीक्षा में। लगभग 20 घंटे की इस विमान यात्रा ने थका दिया है, सो शाम होटल आते ही नींद आती है।

35,000 फीट की ऊँचाई पर महासागरों के ऊपर विमान के लगातार उड़ने के बावजूद विमान यात्रा में कोई घबराहट नहीं है। सुरक्षा सूचना कॉर्ड पर दर्ज है और घोषणा में भी उल्लेख किया जाता है कि सुरक्षा के उपाय पढ़ लें, हालाँकि इनके उपयोग की जरूरत नहीं पड़ेगी। यानी विमान यात्रा पूर्ण सुरक्षित है। पश्चिम का यह आत्मविश्वास उल्लेखनीय है। भारत की हवाई यात्रा का जिन्हें अनुभव है, वे इस तथ्य को समझ सकते हैं। वाशिंगटन का अन्तर्राष्ट्रीय हवाई अड्डे, डलेस 1970 में बना। वर्जीनिया स्टेट में है। वहाँ से 40 मील पर वाशिंगटन डीसी है। हवाई अड्डे पर उतरते-उतरते हम यात्रा से पस्त हो गए हैं।

अमेरिकी कस्टम अधिकारी बहुत तेज गति से काम करते हैं। विमान में ही परिचारिका अमेरिका में प्रवेश सम्बन्धी अनुमति फॉर्म देती है। दोनों फॉर्म भरकर तैयार रखने हैं। पासपोर्ट के साथ उन्हें अधिकारी को देना पड़ता है। काउंटर पर भीड़ नहीं है। दूर पीली रेखा है। यह लक्ष्मण रेखा है। इससे आगे एक-एक व्यक्ति ही जा सकता है।

बाहर आते ही स्वागत में हर्बर्ट स्मिथ मिलते हैं। अगवानी में आए हैं। काले हैं, हँसमुख और खुले। वाशिंगटन डेलेस हवाई अड्डा दुनिया के आधुनिक हवाई अड्डों में से एक है। विमान से यात्रियों को उतारने से लेकर हवाई अड्डे तक लाने में आधुनिक तकनीक का इस्तेमाल है। तीसरी दुनिया में जब तक यह तकनीक पहुँचेगी, तब तक इनके यहाँ कुछ दूसरी नई तकनीक कार्यरत होगी। यात्रियों को कम से कम परेशानी हो, इसका प्रबन्ध है। यात्री भी हौसला अफजाई करते हैं। वाशिंगटन एयरपोर्ट पर अतिसुविधापूर्ण तरीके से विमान उतारने पर विमान चालकों (क्रू) का यात्री ताली बजाकर स्वागत करते हैं।

हवाई अड्डे से वाशिंगटन राजधानी 40 मील है। हर्बर्ट स्मिथ बताते हैं। पहले यहाँ (25-30 वर्षों पूर्व) जंगल था, वाशिंगटन दलदल पर बसाया गया शहर है। काफी चौड़ी सड़कें हैं। कई लेन हैं। दोनों ओर बड़े और सुन्दर भवन हैं। दूर-दूर पर पता चलता है कि कम्प्यूटर कम्पनियों के बोर्ड दिखते हैं। विशालकाय और सुन्दर भवनों पर नाम खुदे हैं। सड़कें बिलकुल साफ-सुथरी हैं। सड़कों के आसपास की जमीनों पर सुन्दर हरी घास उगी है। दोनों तरफ बड़े और छतनार घने पेड़ हैं। टपकती हरियाली। कुछ दूर ट्रेन की पटरियाँ भी साथ चलती हैं—तार के बाड़े से घिरी हुई। आजू-बाजू घास का सुन्दर मैदान। भारत में ट्रेन की पटरियों के अगल-बगल (खासतौर से) गन्दगी भरी है। लोगों के घर हैं। दुर्गन्ध है। बीमारी है।

अमेरिका या यूरोपीय देशों की इस सफाई-समृद्धि के पीछे एक मूल वजह है कम जनसंख्या। अमेरिकी वीसा पाना टेढ़ी खीर है। लोगों की भीड़ न बढ़े इसलिए अमेरिकी विदेश विभाग, पुलिस और कस्टम अधिकारियों की चौकसी देखी जा सकती है। दुनिया के दूसरे देशों के लोगों को यहाँ आने से ये हतोत्साहित करते हैं। प्रतिभाओं को बुलाते हैं, रखते हैं, नागरिकता और हर सम्भव सुविधाएँ देते हैं।

दूसरी ओर भारत में बांग्लादेश, पाकिस्तान और श्रीलंका से आनेवाली भीड़ है—राजसत्ता के नुमाइन्दों को घूस देकर। वाशिंगटन सुन्दर है। बड़े-बड़े भवन शानदार और खूबसूरत। विश्व बैंक और अन्तर्राष्ट्रीय मुद्राकोष की बड़ी इमारतें हैं। आमने-सामने बगल में ही हमारा होटल है, 'इबैंसी एस्क्कायर शूट्स', 2000 एन स्ट्रीट। होटल यूरोपीय कला का भव्य नमूना है। नीचे काउंटर पर सिर्फ दस्तखत करने पड़ते हैं। कमरे में सामान पहुँचाते हैं। टिप्स देना अनिवार्य है—होटल-रेस्टोरेंट में कुल बिल का 15 फीसदी तक। कमरे अत्यन्त साफ-सुथरे। आरामदेह किचन है।

(16 अक्टूबर, 1994)

सामन्ती प्रथा से मुक्त हैं अमेरिकी होटल

भारत के होटलों की तरह ये होटल नहीं हैं कि होटल के कमरे में कोई खाना पहुँचाता। सुबह नाश्ते के लिए नीचे हॉल में जाना पड़ता है, खाने के लिए बाहर। रूम सर्विस यहाँ नहीं है। होटलों में खाने के लिए बाहर जाना पड़ता है। अपना काम खुद करना है। भारत के होटलों में सामन्ती प्रथा है, समृद्ध या पैसेवाले अतिथियों या राजनेताओं या अफसरों का विशेष खयाल रखते हैं। यहाँ ठीक उलटा है। कस्टमर बराबर हैं। कपड़ा धोना या छोटी-छोटी चीज़ें लाना है, खुद करें। लांड्री है, पर महँगी है। फोन है, पर महँगा है। बाहर होटल लॉबी का फोन सस्ता है क्योंकि आपको खुद डायल करना है। ड्रिंक्स भी महँगा है। जहाँ मनुष्य का श्रम जुड़ा है, वहाँ कीमत है। जहाँ मशीन या नई तकनीक आपको अधिकतम सुविधा दे सकती है, वहाँ उसका प्रबन्ध है।

होटल पहुँचते ही स्मिथ अनुरोध करते हैं कि हम एक घंटे बाद शाम 7.15 बजे उनके कमरे में मिलें। वे मिलते हैं। वे तफसील से एक-एक चीज बताते हैं। फोन कैसे कर सकते हैं, कपड़ा कैसे धुलवाना है, खाने के लिए कहाँ सुविधा है, वीडियो कैसे चलाएँगे, कैसेट कहाँ से मिलेंगे—एक-एक बात ताकि कोई असुविधा न हो।

होटल पहुँचते ही हमारे नाम से एक-एक पैकेट रखे हैं। उसमें पूरे कार्यक्रम का ब्योरा है, स्वागत पत्र है। हम सबकी संक्षिप्त परिचयात्मक सूचनाएँ हैं। अनुरोध है कि इन सूचनाओं में कोई त्रुटि हो तो तुरन्त सूचित करें। काम में पूर्णता (परफेक्शन) है। कोई ढील नहीं, त्रुटि होने देने का स्कोप नहीं। समयबद्ध होने के लिए स्मिथ बार-बार कहते हैं, तो 12.56 न हो। विलम्ब से आगे के कार्यक्रम प्रभावित होते हैं। दूसरों का भी समय नष्ट होता है, यहाँ भारत की परम्परा में कोई विलम्ब से आए हुए मेहमान का इन्तजार नहीं करता। अमेरिकी सरकार के विदेशी दूतावासों में यूनाइटेड स्टेट्स इन्फॉर्मेशन सर्विस विभाग (यू.एस.आई.एस.) काम करता है, अमेरिका में उसका नाम है। यूनाइटेड स्टेट्स इन्फॉर्मेशन एजेंसी (यू.एस.आई.ए.) ने अमेरिका में हमारे कार्यक्रम को पूर्ण कराने का दायित्व सौंपा है मेरीडीयन इंटरनेशनल सेंटर को। यह स्वयंसेवी संस्था है, अलाभकर (नॉन-प्रॉफिट

ऑर्गेनाइजेशन)। इस केन्द्र को दायित्व सौंपने के पीछे मकसद है। अमेरिकी सरकार या उसका कोई विभाग बीच में नहीं आना चाहता, ताकि यात्रा खुले-स्वतंत्र ढंग से हो। राजसत्ता का जहाँ प्रत्यक्ष हस्तक्षेप होगा, उस पर उसका रंग तो रहेगा। इस कारण स्वयंसेवी स्मिथ को इसी संस्था ने बुलाया है। वह भी पेशे से वकील हैं। यह संस्था जगह-जगह हमें अमेरिकी नागरिक संगठनों से भी मिलाएगी। स्मिथ बार-बार कहते हैं कि आप यहाँ के करदाताओं के पैसे से आए हैं, इस कारण उनसे आपको मिलाना धर्म है, ताकि वे जान सकें कि उनके पैसे (कर) का सदुपयोग हो रहा है या दुरुपयोग, सरकारी पैसे (कर) के प्रति गहरी संवेदनशीलता है। दूसरी ओर, भारत जैसे गरीब देशों की स्थिति है, जहाँ सरकारी गठरी में चोर ही चोर लग गए हैं। टैक्स वसूलना उनका धर्म है, पर सड़क, बिजली, पानी, शिक्षा, सुरक्षा देना नहीं हालाँकि ये टैक्स इन्हीं चीजों के नाम पर वसूले जाते हैं।

दलदल पर बसा दुनिया का सुन्दर महानगर वाशिंगटन

26.09 : आज सुबह फिर 2 बजे नींद उचटती है, 39 वर्षों की आदत है। भारतीय समय के अनुसार ही नींद लगती-खुलती है। मित्रों का सुझाव है, एक-दो दिनों में आदत सुधर जाएगी। पर आदतें इतनी जल्द सुधरतीं तो दुनिया का नक्शा कुछ और होता!

बहरहाल! रात के दो बजे ही आकाश में लालिमा है। सूर्योदय के पहले की स्थिति वह गहरी अँधेरी रात, तारों का चमकना और निस्तब्ध रात की खामोशी नहीं है, रात का भी अपना आनन्द है, चाहे चाँद की रोशनी हो या अँधेरा! निस्तब्धता की लय-संगीत है। यह अनूठा आनन्द शायद पुराने ऋषि-महर्षि लेते रहे हों, क्योंकि योगियों के बारे में तो कहावत है कि जब दुनिया जगती है तो वे सोते हैं और वे जागते हैं तो दुनिया सोती है। भारत के गाँवों, पहाड़ों, जंगलों में आज भी रात की खामोशी में एक लय मिलती है—विराट से जोड़ती हुई।

पर रात में भी दिन के आने की आहट वाशिंगटन में संशय में डालती है। लगता है, सूर्योदय होनेवाला है। पर घड़ी समय बताती है यानी वाशिंगटन, डिस्ट्रिक्ट ऑफ कोलम्बिया के सबसे महत्त्वपूर्ण इलाके में एक है। यह होटल व्हाइट हाउस, अमेरिकी उपराष्ट्रपति के कार्यालय या दूसरे मंत्रालय के बिलकुल पास है।

दिन में वाशिंगटन (डीसी) देखने का कार्यक्रम है। कैथरीना फोर्ड गाइड है। स्वीडन मूल की है। 12 वर्षों से यह काम कर रही है। पति भारत रह चुके हैं। अमेरिकी विकास संगठन में काम करते हैं। वह भारत की गरीबी और गरमी के बारे में पूछती है। बताती है वांशिगटन मूल में लगभग 6.25 लाख लोग हैं, उपनगरों को

जोड़ दें, तो कुल 36.50 लाख के आसपास वाशिंगटन महानगर की आबादी है। कई हवाई अड्डे हैं। हर क्षण विमान उड़ान भरते हैं।

वाशिंगटन के राजधानी बनने के पहले अमेरिका की आठ राजधानियाँ बन चुकी थीं। दक्षिण के राज्यों की शिकायत थी कि राजधानी केन्द्र में नहीं है। होते-हवाते यह काम जॉर्ज वाशिंगटन के कन्धों पर आया। उन्होंने वर्जीनिया और दूसरे राज्यों से कुछ जमीन ली। तब यह भी भूमि दलदल थी। जानवर रहते थे। कैथरीना फोर्ड बताती है कि सूअर और जंगली जानवर थे। बगल में बन्दरगाह था।

जमीन के चयन के बाद 1970 के लगभग वाशिंगटन का निर्माण शुरू हुआ 8-10 वर्षों में पूरा हो गया। आरम्भ में जॉर्ज वाशिंगटन ने यह काम एक मशहूर फ्रांस वास्तुविद् को दिया। बाद में उससे अनबन हो गई तो फिर दूसरे फ्रांसीसी वास्तुविद् को सौंपा। उस फ्रांसीसी वास्तुविद् को जॉर्ज वाशिंगटन अपना दत्तक पुत्र कहते थे। व्हाइट हाउस का निर्माण एक आइरिश वास्तुविद् ने किया। इसी तरह वाशिंगटन के भव्य, सुनियोजित और करीने से बने भवनों के निर्माण में इटली, फ्रांस, ब्रिटेन, आयरलैंड वगैरह की प्रतिभाओं की भूमिका रही। दरअसल जिन गोरे लोगों ने काले लोगों का अपदस्थ किया, उनकी साक्षी अभिव्यक्ति, सपने और आकांक्षा का रूप है अमेरिका, जो आज भी दुनिया की विशिष्ट प्रतिभाओं के प्रबल आकर्षण का केन्द्र है।

(17 अक्टूबर, 1994)

भारत, अमेरिकी राष्ट्रपति और सुरक्षा व्यय

समृद्ध परम्परा भले ही न रही हो या लम्बा अतीत-इतिहास का अभाव रहा हो, पर अमेरिका बनानेवालों ने अपने सपनों की जो बुनियाद डाली है, वह बुनियाद पग-पग पर है। व्हाइट हाउस में अमेरिका के राष्ट्रपति रहते हैं। दिल्ली या पटना में एक-एक सांसद-विधायक के जो बड़े भव्य बँगले हैं। अहाते हैं (मंत्रियों-मुख्यमंत्रियों को छोड़ दें), उनके मुकाबले व्हाइट हाउस बहुत छोटा है। चौतरफा लोहे की छड़ों के गेट हैं, अन्दर बँगले के गेट पर दो सुरक्षाकर्मी तैनात हैं, बाथरूम हैं, इसी में राष्ट्रपति के रहने के सूइट हैं। कोई भी यात्री अन्दर आ-जा सकता है। कोई बड़ा तामझाम-रोकटोक नहीं है। बगल में ही राष्ट्रपति का कार्यालय है। ओवल हाउस के हरे लॉन में कैमरे रखे हैं, ढँके हुए। पता चलता है कि राष्ट्रपति शाम में कार्यालय से निकलकर यहाँ आ जाते हैं, खड़े-खड़े अखबारनवीशों को सम्बोधित करते हैं, इस कारण टी.वी. कैमरे वगैरह वहीं स्थायी तौर पर रख दिए हैं अखबार या टेलीविजन वालों ने। व्हाइट हाउस के बगल में विशालकाय भवन है। अमेरिका के उपराष्ट्रपति का कार्यालय राष्ट्रपति से काफी बड़ा है। कैथरीना फोर्ड बताती है कि कुछ ही दिनों पहले यात्रियों का एक दल व्हाइट हाउस आया था। गेट से सटे फूलों के बाग में देखा तो दंग रह गया। राष्ट्रपति क्लिंटन फूलों की बागवानी कर रहे थे। वह पास आ गए, आगन्तुकों से हाथ मिलाया। हाँ, जब बड़े कार्यक्रम आयोजन होते हैं, तो सुरक्षाकर्मी चौकस हो जाते हैं।

आज 26.09.94 को येल्तसिन वाशिंगटन आ रहे हैं। व्हाइट हाउस का खुला लॉन बाहर से साफ दिखता है, पंडाल लगा है। वहीं खाने का न्योता है। कैथरीना बाहर से क्लिंटन का बेडरूम दिखाती है, जिसके ठीक ऊपर 20-25 दिनों पूर्व छोटा हवाई जहाज गिरा था। संयोग से उस दिन क्लिंटन कहीं और सोए थे। लोकतांत्रिक व्यवस्था में जनप्रतिनिधि कैसे रहें, यह भारत को अमेरिका से जानना चाहिए। भारत के एक प्रभावी सांसद या प्रभावी दबंग विधायक के आसपास सुरक्षा का जो घेरा है, अहातेवाले बड़े बँगले है, वहाँ चौबीस घंटे खड़े ब्लैक कैट कमांडो पहरेदार हैं, टेलीविजन कैमरे से हो रही निगरानी है, उसके आगे अमेरिकी

राष्ट्रपति का तामझाम कुछ भी नहीं है।

भारत के प्रधानमंत्री या राष्ट्रपति या महत्त्वपूर्ण केन्द्रीय मंत्रियों के घरों की बात छोड़ दें, वहाँ से गुजरनेवाली सड़कें बन्द है। घर प्राचीर या दुर्ग बना दिए गए हैं। राष्ट्रपति भवन के कई एकड़ में पसरे लॉन में सुरक्षाकर्मी दो दिन पहले से तैनात कर दिए जाते हैं।

एक लोकतंत्र की यह परम्परा है, जिसमें रहनुमाओं की सुरक्षा पर अरबों खर्च किए जा रहे हैं। दूसरी ओर दुनिया के सबसे समृद्ध व ताकतवर देश के राष्ट्रपति आवास-संसद वगैरह में आप निर्द्वन्द्व घूम सकते हैं। घूम ही नहीं सकते, बल्कि विरोध भी प्रकट कर सकते हैं। व्हाइट हाउस के ठीक सामने सड़क पार एक औरत बैठती है, अब उसके चेहरे पर उम्र झलक रही है, पर बीस वर्षों पूर्व जब वह यहाँ बैठने आई, तब अधेड़ रही होगी। भारतीय लहजे में कहें तो वह बीस वर्षों से धरने पर है। आणविक अस्त्रों के खिलाफ आलोचनात्मक पोस्टर और कटु नारों के साथ वह बैठी है। अपने यहाँ क्या है? भारत में किसी मुख्यमंत्री, प्रधानमंत्री, राष्ट्रपति के निवासों के आगे धरने की बात भूल जाएँ, मीलों पहले आपको सड़क पर रोक दिया जाएगा। पटना में हड़ताल चौक देखिए। विधानसभा-विधायकों के आवास से कितना दूर। मुख्यमंत्री-राज्यपाल के पास तो वे कभी फटक ही नहीं सकते।

श्रीमती कैथरीना वाशिंगटन की एक-एक संस्था के बारे में बताती हैं गर्व के साथ, आँखों में चमक के साथ। अमेरिकी लोगों का यह राष्ट्रीय बोध अद्‌भुत है। फ्रांस की शान, अंग्रेजों का आभिजात्य, रोम के स्थापत्यकारों-कलाकारों का जादू और पश्चिम की विलक्षण प्रतिभाओं, कलाकारों की उपस्थिति वाशिंगटन के हर पुराने भव्य भवनों पर दर्ज है। संसद में विशिष्ट राजनेताओं की मूर्तियाँ हैं। अमेरिका के पूर्व राष्ट्रपतियों के बीच मार्टिन लूथर की भी मूर्ति है। अमेरिकी संसद भव्य कला स्थापत्य की प्रतिरूप है। एक तरफ सिनेटर बैठते हैं, दूसरी ओर हाउस ऑफ रिप्रजेंटेटिव के सदस्य। बीच में गोल बुर्ज है। 180 फीट लम्बा, 60 फीट चौड़ा, इसके ठीक ऊपर फ्रीडम ऑफ स्टैच्यू है। वाशिंगटनवासियों का निर्णय है कि कोई भी भवन इस फ्रीडम ऑफ स्टैच्यू से बड़ा नहीं होगा। इस कारण इससे ऊँची इमारतें यहाँ नहीं बनतीं। राष्ट्रीय भावना का प्रतीक है—यह संकल्प। इस कारण अमेरिकी उस संकल्प सपने में जीना चाहते हैं, शायद उनकी राष्ट्रीय भावना का यही ऊर्जा-स्रोत भी है। अमेरिकी संसद में भी अति सामान्य सुरक्षा है। जब बैठकें होती हैं तो कोई भी विदेशी महज अपना पासपोर्ट दिखाकर संसद के आगन्तुक कक्ष में बैठ सकता है। बगल में संसद की विशाल लाइब्रेरी है। पर इसमें सिर्फ 100 सिनेटर या 435 जनप्रतिनिधि ही नहीं जा सकते, बल्कि 18 वर्ष से ऊपर का हर व्यक्ति जा सकता है। भारत की संसद की समृद्ध लाइब्रेरी में जाना कठिन है। सांसदों का पढ़ने-

लिखने से रिश्ता टूटता जा रहा है। बिहार विधानसभा की लाइब्रेरी से शायद ही दो-चार विधायकों का रिश्ता हो। पर विधानसभा की इस लाइब्रेरी को देखने के लिए विधायकों की जो समिति बनती है, वह दूसरी विधानसभाओं की लाइब्रेरी भ्रमण पर ही अनाप-शनाप व्यय करती है।

(18 अक्टूबर, 1994)

स्मारकों से ऊर्जा ग्रहण करता शहर

वाशिंगटन में एक से एक शानदार स्मारक हैं। अमेरिका का शानदार अतीत या इतिहास नहीं रहा है, पर पिछले 200-300 वर्षों में यहाँ जो उल्लेखनीय व्यक्तित्व हुए, उनके अद्‌भुत स्मारक हैं। अमेरिकी भाव-विभोर होकर इन स्मारकों का उल्लेख करते हैं। हवाला देते हैं, सँजोते हैं, वहाँ जाते हैं और उनसे ऊर्जा ग्रहण करते हैं—एक सुखद और शानदार भविष्य का।

चाहे वाशिंगटन स्मृति हो या लिंकन मेमोरियल या वियतनाम स्मारक या ऐसे दूसरे स्मारक, यहाँ पहुँचकर अमेरिकी डूब जाते हैं। लिंकन स्मृति में लिंकन की भव्य-विशाल मूर्ति है। नीचे खंड में 'लाइट-साउंड' प्रोग्राम है। लिंकन के भाषण के महत्त्वपूर्ण अंश सुन सकते हैं। तसवीरें देख सकते हैं। चुपचाप खड़े लोग डूबकर सुनते हैं। अचानक मैं भटक जाता हूँ। हमारे अद्‌भुत और विलक्षण महापुरुषों का आज क्या हाल है! दुनिया, जिनमें रोशनी तलाशती है, उनके स्मृति चिह्नों को हम कैसे मिटा चुके हैं!

गांधी बिहार के जिस चम्पारण में आए, वहाँ उनके आश्रम का क्या हाल है? 'भितिहरवा आश्रम' राजनीतिक पैतरेबाजी का अड्डा बन गया है। गन्दा और जीर्ण-शीर्ण। वर्धा की हालत भी अच्छी नहीं है। साबरमती और गांधी जी के जन्म-स्थान पर तो तस्करों का असर है। तिलक, विनोबा, जयप्रकाश, नेहरू, खान अब्दुल गफ्फार खाँ, राम मनोहर लोहिया जैसे लोगों की चर्चा ही छोड़ दें। इतिहास के महापुरुषों की तो हम दफना ही चुके हैं। भारत के नवनिर्माण के महापुरुषों को भी हम भूल रहे हैं। किस ताकत-प्रेरणा या ऊर्जा स्रोत से देश बनेगा? बिहार में कौन नेता, प्रेरणा स्रोत है—राम विलास पासवान, शरद यादव, सुबोधकान्त, लालू प्रसाद, तारिक अनवर, सुशील मोदी वगैरह! यही तो इस पीढ़ी के नेता हैं!

वियतनाम मेमोरियल की भी अद्‌भुत कहानी है। वियतनाम हो या हैती, अमेरिका में हमेशा शासन की नीति के खिलाफ जन आक्रोश फूटा। वियतनाम से लौटे अमेरिकी सैनिकों ने पाया कि वियतनाम में मारे गए अमेरिकी सैनिकों का स्मारक होना चाहिए, ताकि ऐसी घटनाएँ लोकस्मृति में दर्ज रहें। वियतनाम युद्ध के

ही एक बुजुर्ग सैनिक ने पहल की। विभिन्न कम्पनियों से चन्दा मिला। सरकार ने तीन एकड़ की दलदल जमीन दे दी।

इस समिति ने आर्किटेक्टों-कलाकारों की प्रतियोगिता आयोजित की। भारी पैमाने पर लोग आए, पर प्रतियोगिता जीती 19 वर्षीया लड़की माया इनलेन ने। उसने 'वी' आकार का स्मारक बनाया। 70 फीट दोनों ओर। इसमें 58191 उन अमेरिकी सैनिकों के नाम दर्ज हैं, जो मार दिए गए या लापता हो गए। लापता सैनिकों के नाम के आगे क्रॉस (†) का चिह्न है। जब किसी लापता सैनिक के मरने की पुष्टि होती है, तो उसके नाम के आगे फुल स्टॉप लगाते हैं। 1982 में यह बना। बेंगलूर से लाए गए काले संगमरमर पर। ठीक उसके सामने तीन सैनिकों की प्रतिमा फेड्रिक हार्ट ने बनाई। इसमें से एक सैनिक व्हाइट है, दूसरा काला और तीसरा ह्विसपैनिक, यानी पूरे अमेरिका का प्रतिनिधित्व। आगे चर्चा चली कि इसमें महिलाओं की उपेक्षा हुई है। वियतनाम में आठ अमेरिकी महिलाएँ भी मारी गई थीं! फिर एक मूर्ति बनी है, जिसमें एक महिला नर्स की गोद में एक घायल अमेरिकी सैनिक है। इस स्मारक पर आकर अमेरिकी मौन हो जाते हैं। शोर नहीं। फूल या माला लाते हैं। मार्मिक पत्र छोड़ जाते हैं।

अमेरिकी सरकार की ऐसी नीतियों के खिलाफ अमेरिका में एक ताकतवर और मुखर वर्ग है। यह बार-बार वियतनाम की याद दिलाता है। कई लोग स्मारक के आगे अपनी पीठ पर और सामने नारे लिखकर चुपचाप खड़े रहते हैं—युद्ध के खिलाफ। इस मुखर वर्ग का एहसास सरकार को भी रहता है, अन्यथा हैती में क्लिंटन बहुत आगे जा सकते थे।

(20 अक्टूबर, 1994)

सिगरेट के खिलाफ माहौल

भारत का यहाँ के मीडिया में खास महत्त्व है। 'वाशिंगटन पोस्ट' रविवार को डेढ़ डॉलर में बिकता है। लगभग 47 रुपए में। डेढ़-दो किलो वजन। इस पूरे अखबार में (25.9.94) भारत के बारे में एक छोटी खबर है। तसवीर भी। सूरत से प्लेग के कारण भागते लोगों की तसवीर और उसका विवरण। दिल्ली के अखबार जैसे बिहार को खारिज कर चुके हैं। लगता है, अमेरिका के अखबार वैसे ही भारत को मानते हैं। हाँ, सीएनएन पर अवश्य एक घोषणा है। सूरत में फैले प्लेग के कारण भारतीय यात्रियों को अमेरिका आने से बरजने का निर्णय। जो आएँगे, उन्हें हवाई अड्डे से ही सीधे डॉक्टर के पास जाना पड़ेगा। डॉक्टर जाँच कर अनुमति देंगे, तब बाहर।

अमेरिका में सिगरेट के खिलाफ माहौल है। भारत में भी जहाँ अमेरिकी दफ्तर या दूतावास हैं, वहाँ अन्दर सिगरेट पीने की मनाही है। सिगरेट पीनेवालों के लिए कयामत है। वे अल्पसंख्यक बनते जा रहे हैं। दफ्तर या सार्वजनिक स्थलों पर प्रतिबन्ध है। सिगरेट न पीनेवाले प्रदर्शन करते हैं। विरोध प्रकट करते हैं कि उनके स्वास्थ्य को प्रभावित/दूषित करने का हक दूसरे को नहीं। न्यूयॉर्क में सार्वजनिक जगहों से सिगरेट को प्रतिबन्धित करने की वहाँ बहस चल रही थी। भारी समर्थन इस प्रस्ताव को है। लोग पंक्तियों में खड़े और अनुशासित होकर काम करते हैं। यहाँ बड़े-बड़े स्टोर हैं। अन्दर जाइए। हर चीज मौजूद मिलेगी। डिब्बाबन्द, पूर्ण सुरक्षित सब्जियों-फलों के पैकेट मिलेंगे। जहाँ इनका उत्पादन होता है, वहाँ से सीधे स्टोर तक पैकेट में ही इन्हें पहुँचाते हैं, खुले में नहीं। स्टोर में जाइए, खुद टोकरी लीजिए, मनपसन्द सामान रख लीजिए। कैश काउंटर पर जाकर पैसे दीजिए। सामान ले जाइए। विशाल स्टोर महज 2-4 लोग ही चलाते हैं। स्टोरों में कार्यरत काले लोगों की बड़ी संख्या है। स्टोरों के बाहर कोई हाथ फैलाए भीख माँगता मिल जाएगा। अधिकतर काले, पर गोरे भी हैं।

अमेरिका भी गरीबी भगा नहीं पाया है। पार्कों में या बड़े भवनों के निचले तलों में कुछेक लोग सोए मिल जाएँगे, फटेहाल। हालाँकि ऐसे लोगों के लिए सामाजिक सुरक्षा बन्दोबस्त है, पर उससे कुछ हो नहीं रहा। सुन्दर फूलों से आच्छादित पार्कों में खोए फटेहाल अमेरिकी मिल जाएँगे। या तो दवाओं के नशे में होंगे या चुपचाप बैठे। खोई निगाहें। कभी-कभार चिल्लाकर गा पड़ेंगे। चौराहों पर बक्से बने हैं।

अखबारों के नाम खुदे हैं। इनमें अखबार रखे हैं। पैसा डालिए, अखबार निकल आएगा। गन्दगी-कूड़ा डालने के लिए बीच-बीच में स्थान निर्धारित हैं। सड़कें-पार्क वगैरह में खूबसूरत फूलों की क्यारियाँ हैं—खिले और गमकते।

प्रेस के युवा पाठक घट रहे हैं

26.09 को आधिकारिक तौर पर पहला दिन था। निर्धारित समय पर होटल लॉबी में मिलते ही स्मिथ ने कहा कि औपचारिक बैठक है। टाई, सूट, चमड़े का जूता पहनें। बताया कि टाई तो पहनता ही नहीं। सूट भी नहीं। हाँ! जूता एक ही लाया हूँ। वह टेनिस शू है। चलने में सुविधा होती है। वह मन मसोसकर रह जाते हैं। कैसे बताऊँ कि कम से कम कपड़ा ले चलने में यकीन है। महँगे कपड़े पहनता नहीं। टाई-सूट बाँधता नहीं। अमेरिकी आम जीवनचर्या में बिलकुल अनौपचारिक है। पर आधिकारिक बातचीत-बहस में बिलकुल औपचारिक और स्पष्ट। हमारे 'स्कॉर्ट ऑफिसर' हर्बर्ट स्मिथ मेरी बात पर मुस्कराते हैं। आत्मीय और भले हैं।

वह हमें 'मेरीडीयन इंटरनेशनल सेंटर' ले जाते हैं। वहाँ मिलते हैं जूराज एलजेस्लाविक प्रोग्राम ऑफिसर हैं। स्लोवाक (यूगोस्लाविया) के मूल बाशिन्दे हैं। उनके सहायक हैं ब्रेयन एस हाल। बिलकुल युवा, हँसमुख और ऊर्जावान। अमेरिकी सरकार की सूचना सेवा से सुश्री एलिस शिफलेट आई हैं। चार हम हैं। आठ लोगों की यह बैठक दो घंटे चलती है। सुश्री शिफलेट और स्वालिक कार्यक्रम का मकसद बताते हैं। कहते हैं कि पिछले पाँच महीने से इस कार्यक्रम की तैयारी चल रही है। अमेरिका में हमारे पूरे कार्यक्रम का जिस तरीके से ब्योरा तैयार किया गया है, वह इसका स्पष्ट प्रकरण है। कहाँ ठहरना है, कब किससे मिलना है, कहाँ लंच है, किन चीजों की बातचीत करनी है। भारत से आए हम चारों का ब्योरा है। रुचि का वर्णन है। अमेरिका में एक छोर से दूसरे छोर तक जहाँ-जहाँ आना-जाना है, उसका नक्शा है। खूबसूरत ढंग से पुस्तकाकार रूप में बुकलेट तैयार की गई है, 'इंटरनेशनल विजिटर प्रोग्राम ह्यूमन राइट्स' (ए सिंगल कंट्री प्रोजेक्ट फॉर इंडिया) किसी काम की सम्पूर्णता और खूबसूरती का नमूना। श्रमसाध्य पर उत्साहवर्द्धक। एक-एक कार्यक्रम पर सविस्तार चर्चा होती है। मकसद बताया जाता है। हमारी राय पूछी जाती है। यात्रा प्रबन्ध की लिखित जानकारी दी जाती है। एक परिचय-पत्र दिया जाता है कि हम अमेरिका में सूचना सेवा के अतिथि हैं। हम जिसे भी यह कार्ड दिखाएँ, वह हमारी मदद करे। इंश्योरेंस कार्ड मिलता है। अमेरिका रहने तक (30 अक्टूबर तक वीसा है) हमारा यह इंश्योरेंस लागू है। 50 हजार डॉलर का, यानी लगभग 16 लाख रुपए का।

दोपहर का लंच मशहूर ब्रूकिंस संस्थान में है। मुख्य अतिथि हैं, डेविड एर फिलिप्स।

वे कांग्रेसनल ह्यूमन राइट्स फाउंडेशन के अध्यक्ष हैं। दो वर्ष बेंगलूर में रहे हैं, अपने को भारत-प्रेमी कहते हैं। चीन, पाकिस्तान, थाईलैंड, तिब्बत मसले पर काफी काम किया है। सामाजिक न्याय, पर्यावरण, सुरक्षा, लोकतंत्र और मानवाधिकार जैसे महत्त्वपूर्ण 20 से अधिक संगठनों से जुड़े हैं। वह भारत के बारे में सविस्तार सुनते हैं। हमसे एक-एक छोटा-छोटा ब्योरा पूछते हैं। आठ माह पूर्व कश्मीर होकर आए हैं। मानते हैं कि कश्मीर मुद्दा भारत के लिए निर्णायक है। हमारे एक मित्र उनसे पूछते हैं कि अन्तर्राष्ट्रीय मुद्दों पर अमेरिकी धौंस के बारे में उनका क्या कहना है? वह साफगोई से बात करते हैं। अमेरिकी जनता और अमेरिकी सरकार के बीच फर्क बताते हैं। अमेरिकी जनता कैसे बुनियादी सवालों के प्रति सचेत है, इसका उदाहरण गिनाते हैं। हैती प्रकरण पर कहते हैं कि अमेरिकी प्रशासन पर दबाव है कि वह कैसे अपनी सेना वापस बुलाए, क्योंकि अमेरिकी नागरिक नहीं चाहते कि उनके सैनिक मारे जाएँ। वियतनाम स्मृति में है। वह कहते हैं, देखिए अमेरिका में लोग कैसे अपने अधिकारों के प्रति जागरूक हैं, पर उल्लेखनीय तथ्य है कि वे कर्तव्यों के प्रति अधिक तत्पर हैं। यह देखिए और लिखिए। दुनिया में बड़ा काम होगा। अमेरिका में मानवाधिकारों के लिए सजग संगठनों और उनके कार्यों का ब्योरा देते हैं। दिलचस्प बातचीत और सवाल-जवाब का यह दौर लगभग तीन घंटे चलता है। दूसरे दौर की बातचीत मेरीडीयन इंटरनेशनल सेंटर में है। प्रमुख वक्ता हैं, सुश्री जेन क्रिटले, 'रिपोटर्स कमेटी और फ्रीडम ऑफ द प्रेस' की 'एक्जिक्यूटिव डायरेक्टर' हैं। पहले पत्रकार थीं, अब वकालत करती हैं। पत्रकारों की मददगार हैं। मुफ्त कानूनी मदद देती हैं। प्रेस की स्वतंत्रता की अन्ध पक्षधर हैं।

दरअसल अमेरिका में सुश्री जेन क्रिटले की तरह अनेक लोग हैं, जो बगैर पैसे के विभिन्न क्षेत्रों में स्वतंत्रता और नागरिक अधिकार के लिए उल्लेखनीय काम कर रहे हैं। ऐसे लोगों ने ही लोकतांत्रिक संस्थाओं की जड़ें मजबूत बनाई हैं, जिसे कोई शासक खत्म करने का साहस नहीं करता। वे कहती हैं कि अमेरिका में प्रेस सबसे ताकतवर है। सवाल के जवाब में कहती हैं कि माफिया ग्रुप या दूसरे अवैध संगठन भंडाफोड़ करनेवालों पर अमेरिका में हमला नहीं करते। हत्या नहीं करते। कभी-कभार दूसरे राज्यों में एकाध घटनाएँ 10-20 वर्षों पूर्व हुईं, तो भयावह स्थिति हुई। दोषी लोगों को सख्त दंड मिला। अमेरिका का प्रेस आमतौर पर व्यवस्था विरोधी है। क्लिंटन के चुनाव के वक्त प्रेस का रुख क्लिंटन के पक्ष में था। राष्ट्रपति बनते ही प्रेस ने सच लिखना शुरू किया, तो वे नाराज हो गए। कहने लगे कि मैं सीधे मतदाताओं से बात करूँगा। प्रेस-राजनेताओं का यह अफसाना हर जगह एक सा है। पत्रकार क्या पैसे या फेवर लेकर रिपोर्ट करते हैं? क्या प्रभावी पत्रकार सरकार की नीतियों को कुछ खास लोगों-वर्गों के पक्ष में प्रभावित (दलाली) करते हैं? इन सवालों के जवाब में वे कहती हैं कि ये सवाल पहली बार अफ्रीका से आए लोगों

ने पूछा था या फिर आप लोग पूछ रहे हैं? अमेरिका में पत्रकार भ्रष्ट हों, ऐसा कोई सोच भी नहीं सकता। पत्रकार किसी नीति को प्रभावित करने की कोशिश नहीं करते। पाठकीय जागरूकता है। अपने काम से भटकते पत्रकारों पर पाठक निगाह रखते हैं। यह बात वे कबूलती हैं कि तथ्यों को दोबारा जाँचे-परखे बगैर खबरें छपने की प्रवृत्ति बढ़ी है। इसे वे चिन्ताजनक मानती हैं। अमेरिका में फिलहाल पत्रकारों को अदालतों से ज्यादा खतरा है। जज किसी महत्त्वपूर्ण घटना को छापने से रोक सकते हैं। इससे लोग चिन्तित हैं। इस सन्दर्भ में भारत का प्रेस सम्पूर्ण रूप से स्वतंत्र है। पर उसे अपनी स्वतंत्रता का आभास नहीं है, इस कारण दुरुपयोग बढ़ रहा है। यह खतरनाक है, पर अधिकांश भारतीय पत्रकार इस खतरे को भाँप नहीं रहे।

अमेरिका में प्रेस पर दूसरा खतरा है। अखबारों के पाठक 40 के ऊपर के लोग हैं। युवा अखबार नहीं पढ़ते। टेलीविजन देखते हैं। टेलीविजन के अनेक चैनल हैं। चौबीस घंटे चलते हैं। अमेरिकी प्रिंट मीडिया में युवा पाठकों की घटती संख्या से भारी चिन्ता है। अखबारों के बन्द होने की सम्भावना लगातार बढ़ रही है।

विचित्र राग-रंग है। वेश-भूषा। स्वर है, धुन है। कहीं सड़क किनारे कोई तुरही बजा रहा है, कोई गिटार तो कोई बड़ा बाजा भों-भों। तेज रफ्तार से भागती कारों के बीच कोई सर से साइकिल पर निकल जाता है। भाग-दौड़ में किसी के लिए कोई फुरसत नहीं है। आसपास से वीतरागी। पर कार्यालयों में जाइए। काम के दौरान चौकस और समय के पाबन्द। यह दौड़ की संस्कृति है। थकनेवालों के लिए जगह नहीं, सो बड़े-बूढ़ों के लिए अलग व्यवस्था हो रही है। गाड़ियों में, सार्वजनिक स्थानों पर बड़े-बूढ़ों को प्राथमिकता है। अपंग लोगों को प्राथमिकता है। सिर्फ शब्दों में नहीं, व्यवहार में भी। कोई कहीं पंक्ति नहीं तोड़ेगा। अनुशासित और सार्वजनिक स्थानों को बेहतर बनाए रखने की भूख है। किसी-किसी बड़े स्टोर के सामने कोई डिब्बा लेकर बैठा मिल जाएगा। इनमें अधिकतर काले होंगे। नशीली दवाओं का जोर बढ़ रहा है। वाशिंगटन पाँच-छह वर्षों पूर्व तक बिलकुल अपराधमुक्त शहर था। अब दवाओं के व्यापारी फैले हैं। जागरूक लोग चिन्तित हैं। इस शहर में 34-35 हजार डॉलर में एक कमरे का फ्लैट उपनगरों में मिल जाता है। दुनिया के सुन्दर शहरों में से एक वाशिंगटन इस सन्दर्भ में सस्ता है। बम्बई-दिल्ली में एक कमरे का फ्लैट 5-8 लाख में मिलेगा। बम्बई के अच्छे उपनगरों में तो दो रूम के फ्लैट का दाम करोड़ों तक पहुँच गया है। यह ब्लैकमनी का कमाल है। अमेरिका में करदाता शायद ही कर चुराते हैं, पर सरकार के दिए कर से पग-पग पर सुविधा लेने के लिए भी वे जागरूक हैं।

(21 अक्टूबर, 1994)

आप्रवासी कृषि मजदूरों के दुख-दर्द

28 सितम्बर, 94 को पहली मुलाकात थी 'नेशनल प्रिजन प्रोजेक्ट' के कार्यकारी निदेशक एल्विन जे ब्रोंस्टाइन से। स्वयंसेवी संस्था के कार्यकारी निदेशक हैं। जेलों के कैदियों की स्थिति बेहतर बनाने के लिए पिछले 22 वर्षों से लगे हैं। गोरे हैं। धुन के पक्के। अमेरिका के बारे में दिलचस्प जानकारी देते हैं। कहते हैं कि यहाँ भी न्याय समर्थ लोगों के साथ है। 99 फीसदी अपराधी चूँकि गरीब हैं, इस कारण बचाव का बेहतर बन्दोबस्त नहीं कर पाते। जेलों में पड़े रहते हैं। फिलहाल जेलों में बन्द 70 फीसदी से अधिक कैदी कोकीन, हेरोइन, मरीजुआना खाने-बेचने में लगे थे। कहते हैं कि हमारा स्टेट डिपार्टमेंट (विदेश विभाग) इराक, क्यूबा, हैती वगैरह के लिए चिन्तित होता है, मानवाधिकार के सवाल उठाता है, पर अपने कैदियों के बारे में नहीं सोचता। 22 वर्ष पहले जब जेलों के सुधार के लिए ब्रोंस्टाइन सक्रिय हुए, तब जेलों की हालत खराब थी। 19वीं शताब्दी के जेल थे। अब काफी सुधर गए हैं। नए अंडरग्राउंड जेल बने हैं। उससे नया संकट पैदा हो गया है। भूमिगत जेलों में कैदी बिलकुल अलग-थलग रखे जाते हैं। बिलकुल एकान्त के अलग संकट हैं?

कुछ राज्यों ने नए जेल बनाने शुरू किए, तो आर्किटेक्टों की समिति में ब्रोंस्टाइन को भी रखा। अमेरिका खूब है, यह। भारत में जो व्यवस्था के ख़िलाफ लड़ेगा, उसे सरकारी सलाहकार समितियों में कभी ठौर नहीं मिलेगी। वह अवांछित बन जाता है। अपराधियों को सुधारने के लिए कठोर दंड के विरोधी हैं। कहते हैं, इससे अपराधी सुधरते तो नाजी कैम्पों या रूस की जेलों में ठीक हो जाते। वहाँ अपराधमुक्त समाज होता, पर यह कहाँ? बेरोजगारी, निजी संकट जैसी चीजों के विकल्प ढूँढ़ने से यह कम होगा। वे मानते हैं कि अमेरिकी अपराध का 80 फीसदी कारण पाइप गन का सहज ढंग से उपलब्ध होना है। बन्दूक आसानी से उपलब्ध है। बातचीत हुई, गुस्सा आया, बन्दूक का इस्तेमाल हो गया। इसलिए वह बन्दूक पर पाबन्दी के पक्षधर हैं। इस पाइप गन के खिलाफ जनमत तैयार हो रहा है। पर पाइप गन उद्योग में लगे लोग भी सक्रिाय हैं। वे नहीं चाहते कि इस पर पाबन्दी लगे।

ब्रोंस्टाइन का कहना है कि हम नए देश हैं। हमारा अतीत महज 200 वर्ष पुराना है। इस कारण हम चीजों को ठीक-ठाक करने में लगे हैं। ब्रोंस्टाइन बैठे-बैठे सामने दिखाते हैं। भव्य होटल का गेट है। बमुश्किल 40-50 गज दूर। कुछ वर्षों पूर्व यहीं पर रीगन पर पाइप गन से हमला हुआ था। वह बाल-बाल बचे। उनका प्रेस सलाहकार घायल हुआ गम्भीर रूप से। उसकी पत्नी ब्रेदी पाइप गन के खिलाफ देश में जनमत बना रही हैं। समर्थन मिल रहा है। निजी संकट-दुख को सामाजिक दुख-संकट से जोड़ लिया है।

वे आँकड़ों से बताते हैं। पिछले दस वर्षों से कैलिफोर्निया राज्य में जेलों पर 1400 बिलियन डॉलर खर्च हुए हैं। शिक्षा पर इससे काफी कम। दूसरे राज्यों की भी यही स्थिति है। जेल पर खर्च बढ़ने का तात्पर्य है—अपराध बढ़ रहे हैं। अपराधी बढ़ रहे हैं। कहते हैं, जड़-मूल से इस प्रवृत्ति को रोकने की कोशिश नहीं होगी, तो क्या होगा? अपराधी बढ़ेंगे, शिक्षा पर निवेश कम होगा तो और अपराधी बढ़ेंगे। विश्वविख्यात ब्रूकिंग्स संस्थान के अध्ययन का हवाला देते हैं। ब्रूकिंग्स ने अमेरिका की स्थिति पर रिपोर्ट तैयार की है। उनका कहना है कि जनसंख्या वृद्धि दर यही रही और अपराध वृद्धि दर यही रही तो 2025 में आधा अमेरिका जेल में होगा। 25-50 वर्षों बाद अमेरिका कहाँ होगा, इसका शोध-निष्कर्ष हो रहा है। स्वैच्छिक संस्थाएँ, जागरूक लोग सरकार पर उस अनुसार परिवर्तन के लिए दबाव (प्रेशर ग्रुप) के रूप में काम कर रहे हैं।

मूलरूप से ड्रग्स का धन्धा बढ़ा है। कहते हैं कि चोरी या मामूली अपराधों पर तो पुलिस अब कार्रवाई नहीं करती। घर में चोरी हो गई।, कार की चोरी हो गई। रिपोर्ट करें। पुलिस आएगी। पूछेगी इंश्योरेंस से पैसा ले लें। पुलिस अपरोक्ष रूप से यही सलाह देती है। इसका कारण ब्रोंस्टाइन मानते हैं कि ड्रग्स व दूसरे अपराध इतने बढ़ गए हैं कि पुलिस उनमें उलझी है। बढ़ते अपराधों के अनुरूप उसके पास न तैयारी है, न मानव साधन और न संसाधन। यह गम्भीर लक्षण है। अमेरिकी समाज में अपराध बढ़ने से बेचैनी है। बहस है। ब्रोंस्टाइन के अनुसार आठ लाख चालीस हजार से अधिक कैदी अमेरिकी जेलों में हैं। प्रत्येक एक लाख अमेरिकी में 426 जेल में हैं। कनाडा की तुलना में यह चार गुना अधिक है। पश्चिमी यूरोपीय देशों के मुकाबले सात गुना अधिक। इनमें से 60 फीसदी कैदी रेड इंडियन, ब्लैक और हिस्पैनिक हैं। एड्स रोगियों के लिए जेलों में कैसे मानवीय प्रबन्ध हों, इसके लिए कोशिश-बहस चल रही है। दोपहर में मुलाकात तय है। अमेरिकी सरकार के हेलिंस्की के सम्मेलन के तहत गठित 'कमीशन ऑन सिक्यूरिटी एंड कोऑपरेशन इन यूरोप' (सी.एस.सी.ई.) के वरिष्ठ अधिकारियों से। सी.एस.सी.ई. से यूगोस्लाविया हटाया गया है। 52 देश सदस्य हैं। सरकार में काम करते हुए भी सरकारी अधिकारी

खुलकर अपनी बात कहते हैं। अमेरिका के कृषि फार्मों पर काम करनेवाले मजदूर-श्रमिकों की दुर्दशा बताते हैं। बड़े-बड़े अमेरिकी कृषि फार्मों में काम करने के लिए आप्रवासी (माइग्रेट लेबर) मजदूर आते हैं। किसानों को फार्मवर्कर्स कहा जाता है। यह कुछ-कुछ वैसा ही कि ठेकेदार, ग्रुप लीडर या बिचौलिया, आदिवासी मजदूरों को छोटानागपुर से असम, पंजाब या दूसरे राज्यों में ले जाते हैं। खूब खटाते हैं। दवा, भोजन-पानी की व्यवस्था नहीं होती। रहने को प्रबन्ध नहीं होता। यौन अत्याचार होता है। यही कहानी अमेरिकी फार्म हाउस में काम करने आए बाहरी मजदूरों की भी है। शायद दुनिया में शारीरिक श्रम या मजदूरी करनेवालों की यही हालत है। देश, काल या परिस्थिति से मामूली फर्क हो सकता है। पर दुनिया में मजदूरी करके खानेवाले दिहाड़ी मजदूर दुख में ही हैं। पर हेलिंस्की सम्मेलन के तहत गठित आयोग ने विभिन्न अमेरिकी राज्यों में जाकर इसकी सुनवाई की। आयोग को जो शिकायतें मिलीं, वे थीं—मजदूरी कम देना, मानसिक, शारीरिक और यौन अत्याचार, खतरनाक उर्वरकों के बीच रहना, जहरीले रासायनिक पदार्थों को लेकर कार्य करना, रहने की दुर्दशा, रंगभेद, नियंत्रित जीवन कानूनी सहायता लेने पर प्रतिबन्ध, बाल मजदूरों की पीड़ा, खराब स्वास्थ्य प्रबन्ध, असुरक्षित और मौत को निमंत्रित करते आवागमन के साधन, अपर्याप्त कानूनी प्रावधान। आयोग ने इन पर सुनवाई की और तत्काल सुधार के निर्देश दिए। बहस में आए आप्रवासी कृषि मजदूरों का औसत जीवन 49 वर्षों का है।

आप्रवासी मजदूरों की पीड़ा खुद अमेरिकी स्वीकारते हैं। पर दुख के साथ उन खेतों-फार्महाउसों को 'फील्ड ऑफ पेन' (पीड़ा के मैदान) कहते हैं। पर उसके ठीक करने के अभियान में भी लगे हैं। छुपाते नहीं, पर सुधारने की कोशिश भी बताते हैं। जबर्दस्त राष्ट्रीय बोध है। जैसे घर का कोई कमरा अन्दर से कूड़ा भंडार बन गया है, तो अमेरिकी आपको बताएँगे। नागरिक या सरकारी अधिकारी भी। खुलकर यह भी कहेंगे, पीड़ा और पश्चात्ताप के साथ कि यह हमारे सुन्दर घर का बदबूदार कोना है। पर इसे हम सुधार रहे हैं और सुधारेंगे। यह संकल्प, आत्मविश्वास और राष्ट्रीय बोध अमेरिका की अलग पहचान कराता है। जिद है, चुनौतियों से निबटने की और सुन्दर घर के खराब कोने को ठीक करने की।

(23 जनवरी, 1995)

अमेरिका में कैदी बढ़ रहे हैं

28 सितम्बर को हमारा दिन शुरू होता है, सुबह 8.15 से ही पहली मुलाकात है, अमेरिकन सिविल लिब्रर्टीज यूनियन के फील्ड डायरेक्टर जेन गुरेरो से, फिर ओहियो से जीते कांग्रेस प्रतिनिधि टानी पी हाल के प्रमुख सहायक रिक कार्ने और उनके विधायिका सहायक वाब जेरिच से। इसके बाद अमेरिकी संसदीय समिति की कार्रवाई देखना और मानवाधिकार के लिए वकीलों की समिति के वाशिंगटन कार्यालय के निदेशक जोसेफ एलरिज से मुलाकात।

जेन गुरेरो बताते हैं कि उनकी संस्था 1920 से ही कार्यरत है। वे अमेरिका में मानवाधिकार के उल्लंघन और अन्दरूनी समस्या का ब्योरा देते हैं। पूरे देश में 'क्राइम बिल' (अपराध-नियंत्रण के लिए कानून) पर चल रही बहस का उल्लेख करते हैं। बढ़ते अपराध से अमेरिकी चिन्तित और बेचैन हैं। क्लिंटन के 'क्राइम बिल' के बारे में आलोचक कहते हैं कि यह चुनावी स्टंट है। नवम्बर में प्रतिनिधियों के चुनाव हैं। अमेरिका में बढ़ते अपराधों का ब्योरा यहाँ मिलता है। अन्य औद्योगिक देशों के मुकाबले अमेरिका में तीन से दस गुना अधिक अपराध हो रहे हैं। 1943 में न्यूयॉर्क शहर में बन्दूक से 44 हत्याएँ हुई थीं। 1992 में अमेरिका के एक अन्य शहर में यह संख्या बढ़कर 1499 हो गई। आकलन है कि कक्षा सात में पढ़नेवाले एक विद्यार्थी को अपने जीवन में हिंसक अपराध झेलने की 80 फीसदी सम्भावना है। आधे से अधिक अपराध के शिकार वे लोग हैं, जिनकी आय 15 हजार डॉलर से कम है।

1980 के दशक में अमेरिका के वयस्क जनसंख्या में 13 फीसदी वृद्धि हुई, लेकिन अपराधियों की संख्या में 139 फीसदी। इसका एक मुख्य कारण था अमेरिका द्वारा 'ड्रग के खिलाफ युद्ध' (वार ऑन ड्रग) की नीति पर सख्त अमल। कोकीन, हेरोइन, मारीजुआना खाने-बेचने-रखनेवाले धड़ाधड़ बन्द होने लगे। 1992-93 में अमेरिकी जेलों में बन्द लोगों का व्यापक सर्वे-अध्ययन किया गया। इसके निष्कर्ष दिलचस्प हैं :

1. रूस ने जेलों में बन्द लोगों के सन्दर्भ में अब अमेरिका को पीछे छोड़ दिया

है। प्रत्येक एक लाख में 558 लोग यहाँ जेलों में हैं।

2. अमेरिका में लगभग एक करोड़ 30 लाख बन्दी हैं। प्रत्येक एक लाख में से 519 बन्दी हैं। 1989 के बाद इस संख्या में 22 फीसदी की बढ़ोतरी हुई है।
3. रंगभेद के आधार पर किए गए सर्वे का परिणाम है कि अफ्रीकी-अमेरिकन गोरे लोगों की अपेक्षा छह गुना अधिक जेलों में हैं। प्रत्येक एक लाख काले लोगों में से 1947 जेलों में हैं; जबकि प्रति एक लाख में 306 गोरे जेलों में हैं।
4. जेलों पर अमेरिका का खर्च 26.8 बिलियन डॉलर प्रति वर्ष है। काले बन्दी लोगों पर यह खर्च 11.6 बिलियन डॉलर है।
5. काले पुरुष लोगों की अमेरिकी जेलों में संख्या है कुल 5,83,000; जबकि उच्च शिक्षा क्षेत्र में काले पुरुष विद्यार्थियों की पंजीकृत संख्या है 5,37,000।

दुनिया के सबसे सम्पन्न देश में प्रति एक लाख में सबसे अधिक लोग जेलों में हैं। यह अमेरिका के लिए आज सबसे बड़ी चुनौती है। पर अमेरिकी नागरिकों-सचेत लोगों और राष्ट्र के प्रति समर्पित लोगों—के बीच यह बेचैनी का मुद्दा है। रास्ता तलाशने की बेचैनी है। यह अमेरिका के बेहतर भविष्य की सबसे निर्णायक और महत्त्वपूर्ण पूँजी है। कांग्रेस प्रतिनिधि टानी पी हाल के प्रतिनिधियों से दिलचस्प बातचीत होती है। अन्तर्राष्ट्रीय से लेकर घरेलू मुद्दों के उन पहलुओं को ये लोग बताते हैं, जो अमेरिका में चिन्ता-बहस और कार्यक्रम की दृष्टि से महत्त्वपूर्ण है कि हम सारी कमियों को दूर कर लेंगे। आत्मविश्वास के साथ पाल केनेडी की चर्चित पुस्तक 'द राइज एंड फाल ऑफ ग्रेट पावर्स' में अमेरिका के भविष्य को लेकर व्यक्त चिन्ता के सन्दर्भ में उत्तर देते हैं। हम सपने पालते हैं और हमारे सपने यही हैं कि विश्व का अगुआ अमेरिका भविष्य में भी वैसा ही बना रहे, जैसा अब है। जोर देकर दुहराते हैं कि यह स्थिति बनी रहेगी। चॉम्स्की द्वारा अमेरिका को 'मिलिटरी कॉम्प्लेक्स, इंस्टीट्यूशंस' मुहावरे के सन्दर्भ में या चीन को व्यापार की दृष्टि से अति निम्न वर्ग (मोस्ट फेवर्ड नेशन) देशों में रखने या इराक पर हमले या हैती या वियतनाम के सन्दर्भ में अमेरिका की कटु आलोचना का भी धैर्य, संयम और प्रखरता से उत्तर देते हैं। आम अमेरिकी लोगों का कटु आलोचना की स्थिति में भी आत्मसंयम, धैर्य उल्लेखनीय है।

वहीं कांग्रेस समिति की बैठक है। इसमें 'कांग्रेस ऑफ यूनाइटेड स्टेट्स', 'हाउस ऑफ रिप्रजेंटेटिव', 'कमिटी ऑन फॉरेन अफेयर्स', 'सब कमिटी ऑन अफ्रीका' के सदस्य मौजूद हैं। सुननेवाले लोग हैं। हम भी प्रवेश करते हैं। समिति

के अध्यक्ष बैठने का संकेत करते हैं। शान्तिपूर्वक कार्रवाई चलती है। सरकार के विदेश विभाग के प्रमुख लोग हैं। कटु से कटु सवाल होते हैं आत्मीय माहौल में। भारत में संसद या विधानमंडलों की समितियों की बैठक खानापूर्ति भर रह गई है। कोई सामान्य नागरिक प्रवेश नहीं कर सकता। अगर किसी गोपनीय मसले या राष्ट्र सुरक्षा की दृष्टि से संवदेनशील मुद्दों पर बातचीत होती है, तो आगन्तुकों-अतिथियों से उतने समय के लिए बाहर रहने की गुजारिश होती है। अमेरिकी संसद में अति मामूली सुरक्षा है। संस्थान जनप्रतिनिधियों का मंच है, यह लगता है। चौकस पहरेदार हैं, पर वैसी रोक-टोक, निगरानी नहीं है, जैसी भारत में है। भारत में कलक्टर, एस.पी. या एस.डी.ओ. से मिलना, प्रवेश करना कठिन है, पर अमेरिका के 'कैपिटल', 'व्हाइट हाउस', 'संसद' में प्रवेश करना, घूमना-मिलना, बहस करना आसान है।

दिन की अन्तिम मुलाकात है, मानवाधिकारों के लिए वकीलों की समिति के वाशिंगटन डायरेक्टर जोसेफ एलरिज से। पहले वह क्षमा माँगते हैं कि भारत के बारे में उनकी जानकारी कम है, पर ऐसा है नहीं, यह अदब और विनम्रता का संकेत है, फिर भारत के बारे में जानना चाहते हैं। कहते हैं कि आज पूरी दुनिया कश्मीर मुद्दे से चिन्तित है। उनकी दृष्टि में पूरी दुनिया को लग रहा है कि कश्मीर में आणविक युद्ध की सबसे अधिक सम्भावना है। उनकी चिन्ता पूरे अमेरिका में देखी जा सकती है। हर मुलाकात-भेंट में कश्मीर का सवाल अवश्य उछलता-उठता है। यहीं पर हमें बहुचर्चित पुस्तक मिलती है 'ट्रेडिंग अवे द फ्यूचर', 'चाइल्ड लेबर इन इंडियाज एक्सपोर्ट इंडस्टीज'। फेरिस जे हार्वे और लारेन रिगिन ने 'इंटरनेशनल लेबर राइट्स एजुकेशन एंड रिसर्च फंड' के तत्त्वावधान में यह काम किया है। इस पुस्तक को केन्द्र बनाकर भारत के कालीन उद्योग वगैरह (जहाँ बच्चे काम करते हैं) पर पाबन्दी की माँग चल रही है। निश्चित रूप से यह मानवाधिकार का मामला है, पर इसकी तह में भी बहुत कुछ है। कालीन उद्योग वगैरह से भारत काफी विदेशी मुद्रा अर्जित करता रहा है। बड़े पैमाने पर उसका आयात होता है अगर यह आयात बन्द होता है तो भारत का बड़ा नुकसान होगा।

(25 जनवरी, 1995)

मछुआरों का गाँव एशिया का सिरमौर बना

सिंगापुर पहला पड़ाव था। सिंगापुर अपने अनुशासन, सफाई, तेज विकास, हाइटेक और अनूठे प्रबन्धकीय कौशल के कारण पश्चिम के लिए पहेली है। पूरब के लिए अनुकरणीय मॉडल। वह देश, जो सीधे थर्ड वर्ल्ड (तीसरी दुनिया) से फर्स्ट वर्ल्ड (विकसित देश) की श्रेणी में पहुँचा। 35 वर्षों की कहानी, सिंगापुर के आधुनिक निर्माता ली यूआन क्यू के शब्दों में कहें तो, 'छह वर्ष की उम्र में मैं लकड़ी की बैलगाड़ी पर चढ़ता था। अपने दादा के रबर बगानों में ऊबड़-खाबड़ रास्तों पर यात्रा करता था धक्के खाते। पचास वर्षों बाद 1977 में मैं सुपर सैनिक कानकार्ड (अति तेज जहाज) से उड़ा, टेक्नोलॉजी ने मेरी दुनिया बदल दी।

सिंगापुर की दुनिया क्या थी?

ईस्ट इंडिया कम्पनी के स्टैंफोर्ड रैफल्स ने 1819 में इसे ढूँढ़ा। 120 मछुआरों की रिहाइशी जगह। रैफल्स भारत से चीन समुद्री रास्ते से जा रहा था। व्यापारी था। व्यापार की दृष्टि से इस द्वीप के महत्त्व को समझा, भदेस भाषा (ले मैन लैंग्वेज) में कहें, तो यह मछुआरों का गाँव था। 640 वर्ग किलोमीटर से भी कम धरती में फैला। पहले अंग्रेजों का आधिपत्य रहा, फिर जापानी शासन, मलेशिया से भी नियंत्रित रहा। गुजरे 50 वर्षों में जिस देश को तीन ताकतों ने सँभाला, जहाँ अंग्रेज, ऑस्ट्रेलियाई, जापानी, ताइवानी और कोरियाई सैनिकों का शासन रहा, वह देश महज 35 वर्षों में (1965-2000) इतना आगे कैसे निकल गया? 'मछुआरों का गाँव' एशिया का। देर रात सिंगापुर एयरलाइंस की खिड़की में जब आसमान के तारे दिख रहे थे, तब वे सवाल हम साथियों के दिमाग में कौंध रहे थे। 1965 में सिंगापुर का समस्त राष्ट्रीय उत्पाद तीन बिलियन डॉलर का था। 1965 की डॉलर कीमत पर यह बढ़कर 1997 में 46 बिलियन डॉलर हो गया। प्रति व्यक्ति आय की दृष्टि से दुनिया में आठवें नम्बर का देश लगभग बालू की रेत पर बसा देश, प्राकृतिक संसाधनों का घोर अभाव। 40 लाख की कुल आबादी। 76 फीसदी चीनी, 15

फीसदी मलाया मूल के लोग और 6.5 फीसदी भारतीय जड़ से जुड़े यह आबादी प्रफाइल है। स्वतंत्र देश बनने के पहले प्रति व्यक्ति आय एक हजार डॉलर थी और अब 30 हजार डॉलर है। यही मुल्क दक्षिण पूर्व एशिया का 'हाइटेक लीडर' है। व्यापार-विजन का केन्द्र है। एशियान का संस्थापक सदस्य, दक्षिण-पूर्व एशिया की राजनीति की समर्थ हस्ती 40 लाख की आबादी का यह देश इतना आगे कैसे निकल गया? 100 करोड़ लोगों का देश 'भारत' इस हाल में क्यों है? चांगी हवाई अड्डे पर उतरते ही ऐसे सवालों की बाढ़ हमारे मन-मस्तिष्क में मौजूद है।

हवाई अड्डे के सिंगापुरी कर्मचारियों की विनम्रता, तेज गति से औपचारिकताओं का समापन, सिंगापुर के नागरिकों के लिए अलग इमीग्रेशन खिड़की, ताकि उन्हें पंक्ति में खड़ा न होना पड़े। यूरोप, अमेरिका, हांगकांग व चीन में भी विदेश से आ रहे अपने नागरिकों के लिए अलग इमीग्रेशन खिड़कियाँ, आतिथ्य और आवभगत का बन्दोबस्त है। सिर्फ भारत में बाहर से लौट रहे भारतीय आमतौर पर सन्देह की दृष्टि से देखे जाते हैं। उनके लिए कोई अलग व्यवस्था नहीं है। एक देश, व्यवस्था स्तर पर भावात्मक तौर से अपने नागरिकों से कटा है। सिंगापुर का चांगी हवाई अड्डा 'कॉम्पीटेंस' (कार्यकुशलता) और कट्र्सी (विनम्रता) का जीवन्त उदाहरण है। सफाई, सौन्दर्य बोध, साज-सज्जा और अद्‌भुत कलात्मक चीजें, लगातार जहाज उतर और उड़ रहे हैं। कहीं भाग-दौड़, तनाव नहीं, बिल्डिंग कंस्ट्रक्शन (निर्माण) हो रहा है। पर जरा भी गन्दगी नहीं। सारी चीजें तरतीबवार व व्यवस्थित हैं।

10-10, 12-12 लेन की सड़कें, किनारे-किनारे पेड़ों की मोहक कतार, काट-छाँट से एक समान दिखते छतनार पेड़, सड़कों के बीच में हरी झाड़ियाँ, सुन्दर बहुमंजिली बिल्डिंगों की कतारें, हतप्रभ और स्तब्ध करनेवाली बिल्डिंगें, ओवर फ्लाई। आर्किटेक्ट के नायाब नमूने, साफ-सुथरी व चमकती सड़कें। 120-130 की सामान्य रफ्तार पर भागती गाड़ियाँ, कहीं हॉर्न नहीं। अपनी इफीशिएंट व्यवस्था। सौन्दर्य और अनुशासन में पश्चिम के बड़े शहरों को पीछे छोड़ता सिंगापुर, सचमुच एशिया का गौरव लगता है। मुम्बई में ही सिंगापुर के एक जानकार ने कहा था, आँख बन्द कर जाइए, सिंगापुर में ठगनेवाले टैक्सी ड्राइवर या व्यवस्था नहीं मिलेगी। इस धरती पर उतरते और होटल पहुँचते ही यह इम्प्रेशन (धारणा) स्वतः पुष्ट हुआ।

पुनश्च : सिंगापुर को घूमते-देखते और उस पर लिखते हुए भारतीय दृष्टि डंक मारती है। भारतीय राजनेता, शासक और विचारक कहते हैं कि 40 लाख की आबादी को मैनेज करना और 100 करोड़ का प्रबन्ध करना अलग है। कहाँ तुलना हो सकती है? यह असमर्थता का रुदन है। अकर्म और संकल्प की पराजय है। पराजित पौरुष और अकर्मण्य सृजन की वेदना। 40 लाख की बात छोड़ें। चार हजार की आबादी या 400 की आबादी के किसी गाँव को हम मॉडल बना पाए हैं?

पुनर्निर्माण या पुनर्रचना का कौन–सा अध्याय हमारे गौरव का प्रसंग है? सच तो यह है कि प्रबन्ध कौशल (चाहे 400 लोगों के लिए हो या 100 करोड़), संकल्प, श्रम, अनुशासन, ईमानदारी, उच्च श्रेणी की 'विजनरी' लीडरशिप से ही कोई गाँव, समाज या देश इतिहास में नई इबारत लिखता है। सिंगापुर की 40 लाख की आबादी ने विकास का नया अध्याय लिखा, पर 100 करोड़ की आबादी का हमारा देश पहचान नहीं बना सका!

(21 अप्रैल, 2001)

आर्ट ऑफ गवर्नेंस का कमाल

सिंगापुर हाइटेक सिटी होटल के कमरे में पाँव रखे कि रोशनी स्वत: तेज होती जाती है, फिर धीमी रात में बिस्तर से उठे, फर्श पर पाँव रखे, फ्लोर पर स्वत: रोशनी। कुल मिलाकर टेक्नोलॉजी ने जीवन को परीलोक की कथाओं की दुनिया में पहुँचा दिया है। एक देश, जिसके पास कोई प्राकृतिक संसाधन नहीं है, नाममात्र धरती है; आप दुनिया का नक्शा देखिए, मुश्किल से सिंगापुर को ढूँढ़ पाएँगे। आबादी कम है, ऐसे छोटे द्वीप दुनिया में अनेक हैं, पर गुमनाम क्योंकि वे सिंगापुर नहीं बन सके। यह चमत्कार हुआ मानवीय श्रम, प्रतिबद्धता और संकल्प के कारण। सिंगापुर ह्यूमन स्पिरिट की देन है। विज्ञान और तकनीक के कारण यह आगे बढ़ा यातायात में, संचार में, उत्पादन पद्धति में। नई खोजों-सफलताओं और हुनर के कारण असम्भव को सम्भव बनाया। अर्थशास्त्र का शास्त्रीय सूक्त मुझे याद आया। पूँजी निर्माण के लिए भूमि, श्रम, पूँजी वगैरह चाहिए पर सिंगापुर के पास निर्माण के लिए न भूमि थी, न पूँजी, न अतीत, अब हाइटेक की दुनिया ने पूँजी निर्माण का फॉर्मूला बदल दिया है। अगर नॉलेज सोसाइटी है, तो सूचना विस्फोट के इस युग में पुरानी अवधारणाएँ ध्वस्त कर आप नया सृजन कर सकते हैं। सिंगापुर ने यही किया था। हर तकनीकी परिवर्तन खोज के साथ सिंगापुर ने आगे पाँव बढ़ाया। उसकी मार्केटिंग कर व्यापार से कमाया। सिंगापुर एयरलाइंस की शानदार यात्रा ने दुनिया के पर्यटकों को खींचा। हवाई जहाज से समयबद्ध व तीव्र माल ढुलाई, व्यस्त व सफल बन्दरगाह, मालवाहक जहाज के बड़े कंटेनर्स, दूरसंचार उपग्रह, दुनिया के एक छोर से दूसरे छोर तक फाइबर केबल—इस टेक्नोलॉजी नेटवर्क ने सिंगापुर को समृद्ध किया। इसमें एक-एक क्षेत्र से भारी कमाई होती है, अब अगले पचास वर्षों के सम्भावित टेक्नोलॉजी परिवर्तन के अनुरूप राष्ट्रीय एजेंडा तैयार है। सूचना तकनीक, कम्प्यूटर्स, संचार के तरह-तरह के प्रयोग, जीन थेरैपी, क्लोनिंग, मानव अंग निर्माण और माइक्रोबायोलॉजी इन क्षेत्रों में...शोध (आर एंड डी) से सिंगापुर दुनिया में अपना पाँव पसार रहा है। भारत, चीन समेत अनेक देशों में सिंगापुर की देख-रेख में अरबों-अरबों के टेक्नोलॉजी पार्क बना रहे हैं। चीन, भारत के हजारो- हजार युवा

इंजीनियर यहाँ प्रशिक्षण पा रहे हैं। भविष्य के शहरों के खाका तैयार हो रहे हैं। सिंगापुर में अनोखे 35 इंडस्ट्रियल्स स्टेट हैं। साइंस पार्क, इंडस्ट्रीज पार्क और हाइटेक पार्कों ने इसे चोटी के देशों में ला खड़ा किया है।

प्रतिभा की पूजा, हरेक को समान अवसर, कठोर अनुशासन, तेज छात्रों को दुनिया के सर्वश्रेष्ठ संस्थानों में पढ़ने का अवसर, नेतृत्व के लिए सबसे योग्य-ईमानदार लोगों का चयन और रहनुमाओं में दुनिया के सर्वश्रेष्ठ मॉडलों (विभिन्न क्षेत्रों में) को अपने देश, काल, परिस्थितियों के अनुरूप लागू करने के संकल्प जैसे कदमों ने सिंगापुर को स्वर्ग बनाया है।

लगभग 40 लाख का देश है, पर इसे इतना खूबसूरत, व्यवस्थित और अनुशासित बनाकर रखा है कि प्रति वर्ष लगभग 60 लाख टूरिस्ट यहाँ आते हैं। इस वर्ष 70 लाख के आने का आकलन है। इससे सिंगापुर को भारी कमाई होती है। भारत में बमुश्किल 30 लाख यात्री हर वर्ष आते हैं।

सिंगापुर का बन्दरगाह दुनिया का सबसे व्यस्त और आधुनिक बन्दरगाह है। सिंगापुर की कमाई का बड़ा स्रोत इस तरह का आधुनिकीकरण कि तीन मिनट में भारी जहाज अनलोड होता है। जो जहाज भारत में अनलोड होने में सप्ताह या पखवारा या महीनों लगते हैं, वे वहाँ तीन मिनट में खाली कर लिये जाते हैं आधुनिक मशीनों से। लगभग 80,000 जहाज पहुँचते हैं। यह बन्दरगाह (पीएसए, कॉरपोरेशन लिमिटेड) दुनिया का अकेला सबसे बड़ा कंटेनर टर्मिनल ऑपरेटर है। दुनिया के कुल कंटेनरों का दसवाँ भाग यहाँ उतरता-चढ़ता है। संसार के 740 बन्दरगाहों से जुड़ा और 400 मालवाहक जहाजों की कम्पनियों को सँभालता है। सिंगापुर बन्दरगाह भी पर्यटकों के लिए दर्शनीय जगह है। 10 मंजिली क्रेनें हैं। 20 से 40 फीट के कंटेनरों को मशीनी हाथ पल भर में इधर-उधर करते हैं। हाइटेक बन्दरगाह। एक ऑपरेटर एक दिन में अनेक जहाजों को अनलोड करता है। बैठे-बैठे हमारे यहाँ हजारों हाथ पखवारे तक एक जहाज खाली करते हैं। हरे-भरे पेड़ों, फूलों और पत्तियों से सजा यह बन्दरगाह देखना एक सुखद अनुभव है। कहीं गन्दगी-कूड़ा नहीं। मुम्बई, चेन्नई, तूतीकोरिन, कांडला जैसे भारत के प्रमुख बन्दरगाह आदिम युग के लगते हैं, दुर्गन्ध और गन्दगी के स्रोत पहले सिंगापुरी कूड़े-करकट व गन्दगियाँ नदी में बहा देते थे। सरकार ने फैसला किया, नदियों का पानी पारदर्शी साफ रखना है। इसके लिए आधुनिकतम वेस्ट मैनेजमेंट की व्यवस्था हुई, साथ ही कानून का उल्लंघन करनेवालों के लिए सख्त कानून बनाए गए, 10 वर्षों में सिंगापुर की नदियों में नितान्त पारदर्शी और साफ जल मौजूद है। हमारे यहाँ गंगा, यमुना जैसी नदियाँ जिनका भारत अवधारणा के साथ नाभि-नाल का सम्बन्ध है, सूख रही हैं, सड़ रही हैं और सफाई पर अरबों खर्च हो रहे हैं। 100 करोड़ के

बाहुबल वाले देश में अस्तित्व से जुड़ी गंगा को हम नहीं बचा पा रहे हैं। हमारा पौरुष, सामर्थ्य और प्रताप! इनकी सफाई बेजोड़ है। इनके आगे भारत के हिन्दी इलाके नरक लगते हैं। शायद श्रेष्ठता और स्वच्छता का सम्बन्ध है। गरीबी और गन्दगी का छोटे से देश में सफाया ऐसा सम्भव कैसे हुआ ? यह आर्ट ऑफ गवर्नेंस, (शासकीय हुनर), आर्ट ऑफ मैनेजमेंट है।

मसलन नदी को साफ रखना है तो पहले गन्दगी समाप्त करने का विकल्प चाहिए, सो टेक्नोलॉजी से अधुनातन वेस्ट मैनजमेंट तकनीक विकसित की। लोगों को बताया-समझाया सफाई का मर्म। देश ने समझा फिर उल्लंघन करनेवालों के लिए कानून बना, सड़कों के सन्दर्भ में भी यही हाल। आप कहीं थूक दें, गन्दा कर दें तो भारी जुर्माना है। भारत (खासतौर से हिन्दी क्षेत्रों) में दफ्तरों में खैनी, पान थूकने जैसे स्थिति याद आती है, यहाँ एक बार कानून तोड़ा तो कोई बचा नहीं सकता। कुछ वर्ष पहले का सिंगापुर का चर्चित प्रकरण याद आता है। एक अमेरिकी लड़के ने कार लिफ्टिंग की थी। अमेरिकी राष्ट्रपति क्लिंटन ने वहाँ के प्रधानमंत्री से उसे बचाने-माफ करने की अपील की। पर सिंगापुर सरकार ने ठुकरा दिया। कहा, अपराधियों-दोषियों के लिए कानून एक है। यह था छोटे देश का आत्मविश्वास और अपनी व्यवस्था के प्रति प्रतिबद्धता। दुनिया के महाबली देश अमेरिका के सामने 60 के दशक में प्रोफेसर गुन्नार मिर्डल ने चेताया था। भारत एक साफ्ट स्टेट (अशासित) बनता जा रहा है। शासन का कहीं प्रताप नहीं है। कानून के कई स्तर बन गए हैं। भ्रष्टाचार रग-रग में फैल रहा है। शासकों-शासितों के लिए अलग-अलग व्यवस्थाएँ हैं। अन्दर से टूटा-बँटा देश 40 लाख की आबादी वाले सिंगापुर से पीछे छूट जाए, इससे बड़ी पीड़ा एक भारतीय के लिए क्या हो सकती है? यह पीड़ा हमें कचोटती है।

संविधान के अनुसार भारत समाजवादी है, शासितों को अभावग्रस्त और कठिन संसार सामने है। सिंगापुर पूँजीवादी कहा जाता है, पर वहाँ की व्यवस्था कैसी है? निजी कार रखना दुनिया में सबसे महँगा सिंगापुर में है। एक कार अपनी कीमत से चार गुना अधिक कीमत देकर लेनी पड़ती है। सर्टीफिकेट ऑफ इनटाइलमेंट लेकर सिंगापुरी कहते हैं—यह दुनिया का सबसे महँगा पीस ऑफ पेपर है। दूसरी ओर पब्लिक ट्रांसपोर्ट सर्वश्रेष्ठ है। 90 फीसदी बसें एयरकंडीशंड हैं। भाड़ा सामान्य। 10-12 लेन की सुन्दर चमकती सड़कें हैं। सात एक्सप्रेस हाइवे हैं, सस्ती टैक्सियाँ हैं। अमेरिका मानता है कि दुनिया में ऊर्जा का सबसे अधिक उपयोग करनेवाला देश सिंगापुर है। एक तरफ सरकार निजी गाड़ियाँ—कार—रखने से हतोत्साहित करती है तो दूसरी तरफ सर्वश्रेष्ठ सार्वजनिक यातायात का सरकारी बन्दोबस्त कर आम लोगों को कष्ट नहीं होने देती। यह है सफल व्यवस्था संचालन की कला।

देर रात हम होटल लौटते हैं। अपना देश बहुत याद आता है। यहाँ राजनीति सृजन और रचना की कला है। भारत में राजनीति धन्धा हो गई है। नीति उसमें नहीं है। आदर्श नहीं शुद्ध धन्धा। साधन, समय, शक्ति लगाइए, उसका फल पाइए। राग, द्वेष और मोह है। भारत में समाज के तलछट राजनीति में हैं। यहाँ समाज के क्रीम देश चला रहे हैं, अपने विजन से जिन्होंने मामूली देश को गौरवपूर्ण बना लिया है। क्या हमारी नई पीढ़ी सीखेगी?

(22 अप्रैल, 2001)

भ्रष्टाचार न्यूनतम, प्रतिभा की कदर

अत्यन्त पारदर्शी व्यवस्था, अनुशासित माहौल, संकल्प और दृष्टि से वजूदहीन, अनजान द्वीप, दुनिया में पथ प्रदर्शक की भूमिका में पहुँच गया। मिशन (उद्‌देश्य), एक्शन (कर्म), एम्बिशन (आकांक्षा) और विजन (दृष्टि) का दस्तावेज है। 'सिंगापुर की सफलता' के विषय में बताते हैं हमारे 'मैनेजमेंट एक्सपर्ट मित्र'।

भ्रष्टाचार न्यूनतम है। वर्ल्ड इकोनॉमिक फोरम (डब्ल्यू.ई.एफ.) ने सिंगापुर को एशिया का सबसे कम भ्रष्ट देश पाया। अपने अध्ययन में इस संस्था ने 'सिंगापुर' को दुनिया के देशों में सबसे कम भ्रष्ट देशों की सूची में पाँचवाँ पाया। बर्लिन स्थित चर्चित 'ट्रांसपेरेंसी इंटरनेशनल' ने भी सिंगापुर को एशिया का पहला देश पाया जहाँ भ्रष्टाचार सबसे कम है। इस संस्था के अनुसार दुनिया के पैमाने पर सातवाँ सबसे कम भ्रष्ट देश। भ्रष्टाचार के मामले सामने आते ही सरकार सख्ती बरतती है। तत्काल कार्रवाई। सरकारी अफसर बेईमानी और गैरकानूनी कामों में लगे हैं, तो उनके खिलाफ सख्त व समयबद्ध सार्वजनिक कानूनी कार्रवाई होती है। प्रधानमंत्री के कार्यालय में 'करप्शन प्रैक्टिसेस इनवेस्टीगेशन ब्यूरो' इस पर सख्त निगाह रखता है।

यह बहुभाषी, बहुसंस्कृति और विभिन्न समूहों (मल्टीलिंगुअल, मल्टी कल्चरल व मल्टी रेसियल) का देश है। चीन, मलाया और भारतीय मूल के लोग हैं। पिछले 10 वर्षों में कोई राजनीतिक हिंसा नहीं हुई, जबकि आसपास के देशों में भयानक रक्तपात हुआ। यहाँ राजनीतिक स्थिरता है। शासक दल 'पीपुल्स एक्शन पार्टी (जी.ए.पी.) ही 1965 से प्रभावी है, 83 संसदीय क्षेत्रों में से 84 में उसे चुनावों में बहुमत मिला है। संविधान में विपक्ष के लिए अलग से एक अतिरिक्त सीट सुरक्षित है।

जनता सीधे अपनी राय व्यक्त करे, इसका भी अवसर इस व्यवस्था में है। पुलिस परमिट लें। सिंगापुर के 'स्पीकर्स कॉर्नर' में जाएँ, अपनी राय व्यक्त करें। कुछ धार्मिक और जातीय सवाल सार्वजनिक बहस से प्रतिबन्धित हैं।

सिंगापुर का इंफ्रास्ट्रक्चर विकसित देशों के टक्कर का है। कहीं-कहीं बीस अत्याधुनिक सूचना तकनीक नेटवर्क, लेटेस्ट (ताजातरीन) संचार सुविधाएँ,

यातायात और सेवा क्षेत्र अत्यन्त विकसित।

फोन और मोबाइल फोन 58.9 और 53.9 फीसदी लोगों के पास, 47 फीसदी घरों में निजी कम्प्यूटर, 53.8 रिहायशी घरों में इंटरनेट सुविधा, सभी स्कूलों, घरों और कार्यालयों में इंटरनेट सुविधा, पर मुफ्त नहीं।

यातायात व्यवस्था दुनिया की सर्वश्रेष्ठ यातायात व्यवस्थाओं में से एक। दुनिया का सबसे व्यस्त बन्दरगाह। 1999 में 87.7 करोड़ टन सामान यहाँ से इधर-उधर हुआ। सिंगापुर एयरपोर्ट को विभिन्न सर्वे रिपोर्टों में 'सर्वश्रेष्ठ एयरपोर्ट' में गिना जाता है। सड़क व्यवस्था भी उतनी ही चुस्त, सुन्दर और प्रभावी। सड़क जाम नियंत्रण के लिए 'रोड प्राइसिंग सिस्टम' (ई.आर.पी.) है। शहर के किसी किनारे हों, कहाँ सड़क जाम है, यह सूचना आपको इलेक्ट्रॉनिक बोर्डों से कदम-कदम पर मिलेगी। कानून व्यवस्था इतनी चुस्त, पर शायद ही पुलिस कहीं दिखाई दे। सार्वजनिक यातायात व्यवस्था सस्ती और प्रभावी, उपभोक्ताओं के हित में स्वास्थ्य, सुरक्षा और भवन निर्माण के इतने सख्त कानून हैं कि बिल्डर वगैरह कहीं धोखा नहीं दे सकते। यहाँ की स्वास्थ्य सेवा विकसित देशों के समकक्ष है। 70 फीसदी सरकारी अस्पताल हैं। पूरे क्षेत्र के लोगों की चिकित्सा के लिए यह 'हब' बन गया है। मलेशिया, इंडोनेशिया, थाईलैंड, ब्रनी और फिलीपींस के रोगी यहाँ आते हैं। सिंगापुर के बुजुर्ग नागरिकों (55 वर्ष के ऊपर) के लिए सिंगापुर की सरकार ने 'नेशनवाइड हेल्थ स्क्रीनिंग प्रोग्राम' 2001 में शुरू किया है चार करोड़ अमेरिकी डॉलर की लागत से।

धरती नहीं है, इसलिए खाने की बहुत चीजें बाहर से मँगानी पड़ती हैं। सारी सब्जियाँ विदेशों से आती हैं। ऑस्ट्रेलिया, न्यूजीलैंड, यूरोपीय संघ और अमेरिका से सब्जियाँ आती हैं। ताजे फल मलेशिया, थाईलैंड, इंडोनेशिया, फिलीपींस, चीन, अमेरिका और यूरोप से पहुँचते हैं। सेब-सन्तरों का सबसे बड़ा स्रोत अमेरिका है। यह भारतीय व्यवस्था की अकर्मण्यता है कि इतने पास होते हुए सिंगापुर से हम फल, सब्जी बेचकर कुछ कमा नहीं सकते। मॉल्स (बड़ी दुकानें) हतप्रभ करनेवाले हैं। न्यूयॉर्क, लन्दन से उन्नीस नहीं। शानदार बहुमंजिली इमारतें। एक-एक फ्लोर पर एक-एक चीज का खंड। दक्षिण-पूर्व एशिया के लोग-पर्यटक भारी संख्या में खरीदारी के लिए इन मॉल्स में आते हैं। आश्चर्य यह कि सबसे बड़े लोकप्रिय स्टोर भारतीयों के हैं। सिंगापुर के तीन क्रमश: बड़े स्टोर 'मुस्तफा' के बारे में बताया गया कि मुस्तफा सिर्फ 10 डॉलर लेकर सिंगापुर आए थे। खाकपति से करोड़पति बनने के अनेक साक्ष्य हैं। सिंगापुर के जानकार कहते हैं कि यहाँ प्रतिभा की कदर है। टैलेंट का आदर है। जाति, धर्म व भाषा के आधार पर भेदभाव नहीं, इसलिए भारतीय भी समृद्ध व सुखी हैं।

आज ली यूआन क्यू का सिंगापुर और महातिर का मलेशिया दुनिया में अलग व विशिष्ट 'एशियन वैल्यूज' (एशियाई मूल्य) की बातें करते हैं। पश्चिम के संस्कारों से एशिया को अलग बताते हैं। जो काम भारत का था, वे सिंगापुर-मलेशिया जैसे देश कर रहे हैं। फिर भी हमें गुमान है कि 'कुछ बात है कि हस्ती मिटती नहीं हमारी'।

(23 अप्रैल, 2001)

हाइटेक की मनोरंजक दुनिया में

पर्यटकों के लिए स्वर्ग है सिंगापुर, यह नारा देश देखने के बाद महज विज्ञापन नहीं लगता, इसमें तथ्य और यथार्थ हैं। पर्यटन उद्योग सिंगापुर की आय का स्रोत भी है। पर्यटकों का सिंगापुर स्टे अधिकाधिक सुविधापूर्ण, व्यवस्थित और थ्रिल (विज्ञान-तकनीक के सन्दर्भ में) भरा हो, यह सरकार सुनिश्चित करती है। चांगी हवाई अड्डे पर विनम्रतापूर्वक पूछा जाता है कि हवाई जहाज से उतरने के बाद बाहर आने में पाँच मिनट से अधिक का समय तो नहीं लगा? यानी सरकारी औपचारिकताएँ पाँच मिनट में खत्म हुईं या नहीं। बैंकाक का देह व्यापार यहाँ नहीं है। हांगकांग की नाइट लाइफ नहीं है। यह कठोर नैतिक, प्रतिबद्ध और अनुशासित समाज है पर मनोरंजन, इतिहास-बोध और विजन से सम्पन्न।

सेंटोजा नहीं देखा, तो आपने सिंगापुर नहीं देखा, यह हमें मुम्बई में बताया गया। इसलिए सिंगापुर यात्रा का पहला दिन सेंटोजा भ्रमण का रहा। सेंटोजा केबुल कार स्टेशन से यह यात्रा शुरू हुई। आसमान में बहुत ऊँचाई से केबुल कार जाती है। ये केबुल कारें छोटी तीन या चार या पाँच के बैठने भर हैं। बिजली संचालित टिकट लेकर जब आप काफी ऊपर केबुल कार में बैठते हैं, तो रोमांच होता है। नीचे देखने से डर लगता है। ये कारें सेंटोजा आइसलैंड ले जाती हैं। नीचे समुद्र, बन्दरगाह, पुराना शहर, बड़े व भव्य पानी जहाज और अद्‌भुत प्राकृतिक सौन्दर्य। बहुत ऊँचाई से यात्रा करते हुए डर भी लगता है। पर सिंगापुर के बड़े भू-भाग की झलक मिलती है। इस यात्रा में हाइटेक थ्रिल है।

सेंटोजा पूरे दिन देखने लायक है। चमकता सूरज, समुद्र और रेत, संगीतमय फव्वारे, ऐतिहासिक गुफाएँ, सुन्दर समुद्र का तट (बीच), म्यूजियम, किला, वाटर एडवेंचर (पानी में दौड़)। प्रवेश द्वार पर ही किंवदन्तियों से आई 12 मंजिली मूर्ति है। दूर से शेर की तरह, पर ध्यान से देखने पर बिलकुल भिन्न। उसके मुँह से फव्वारे में पानी आ रहा है। युवती गाइड बताती है कि अन्दर से बाहर पानी बहने का संकेत है—समृद्धि और पूँजीगत आय। वर्चअुल रियलिटी सिनेमा, यह देखने से एहसास होता है कि आप दर्शक नहीं पात्र हैं। मजबूत दिल के लोग यह देखते

हैं। एशियन विलेज में तरह-तरह के एडवेंचर (साहसिक कारनामे), डाल्फिन लगून में डाल्फिनी के स्तब्ध करनेवाले दृश्य। बच्चों को चुम्बन लेते, दौड़ते, गले मिलते डाल्फिन। सेंटोजा आर्किड गार्डेंस में सुन्दर, मन और नजर बाँध लेनेवाले आर्किड फूल। फोर्ट सिल्वासो में म्यूजियम है। सिंगापुर का इतिहास जीवन्त रूप में सामने है। हमारी गाइड बून ही कहती है—हम अपना इतिहास सुरक्षित रखते हैं ताकि हमारी नई (वर्तमान) पीढ़ी और भविष्य की पीढ़ियाँ जान सकें कि हमारे पुरखे कैसे रहते थे।

मैं हूँ सिंगापुर में, पर मेरा मन भटककर भारत पहुँच जाता है, जिसका कोई समृद्ध अतीत नहीं, जिसकी कुल यात्रा 100-200 वर्षों की है। वह अपने इतिहास दृश्यों को इतना प्रेरक बना सकता है ताकि पीढ़ियाँ सीखें। जानें। एक हम हैं, जिसको गुमान है कि देवताओं ने इस धरती पर खेला, महापुरुषों ने जन्म लिया, इतिहास रचा, पुराण-वेद की रचनाएँ गँजी। यहाँ एक भी म्यूजियम ऐसा समृद्ध नहीं। गांधी जिस स्कूल में पढ़े, वह हाल में बन्द हो गया। राहुल जी तिब्बत से लुप्तप्राय पांडुलिपियाँ लाए। अद्‌भुत पुराने ग्रन्थों की, ज्ञान का भंडार। वे चुपचाप चोरी होकर पटना से विदेश चली गईं। रोज म्यूजियमों से चोरी, मूर्तियों की तस्करी, ऐतिहासिक चीजों की बिक्री, कहाँ है हमारा आत्मगौरव? लगता है, अतीत में जीते हम अभिशप्त लोग हैं, जिनका कोई भविष्य नहीं, न सपने हैं, न संकल्प।

अंडरवाटर वर्ल्ड सिंगापुर ऐसा दृश्य नहीं देखा। दूजो न कोई टेक्नोलॉजी, कल्पना और कला से बना यह अद्‌भुत पानी म्यूजियम। शीशों की दीवार, ऊपर हरहराता समुद्र, डाल्फिन से लेकर भयानक हिंस्र शॉर्क। लगता है, आप सबको छूने निकल रहे हैं। तरह-तरह की समुद्री मछलियाँ, भयानक और हिंसक, आपके ऊपर से गुजरती हुईं। स्पर्श करने का बोध करातीं। आप नीचे-नीचे समुद्र में सबको छूते हुए निकल जाते हैं। ऐसा रोमांच ट्रेन से इंग्लिश चैनल पार करते (इंग्लैंड से फ्रांस जाते हुए) भी नहीं हुआ था। पर्यटन उद्योग को किस मुकाम तक पहुँचा दिया है इस छोटे देश ने। यह टेक्नोलॉजी और विज्ञान का कमाल है। इस तिलस्म भरी सुरंग से निकलने के बाद भी सिंगापुर म्यूजियम के दृश्य मन पर छाए रहते हैं, 60-70 वर्षों पहले पहले सिंगापुर में कैसे चीन, भारत, मलेशिया से आकर लोग रहते थे। जीवन कितना कठिन था! खाने-पहनने का अभाव, पीने का पानी नहीं। अँधेरे-सीलनभरे घरों में कई-कई लोग। 1965 तक कलकत्ता की तरह ही गन्दा था सिंगापुर। आज सिंगापुर कहाँ है और कलकत्ता कहाँ? क्या भारत को नए सिरे से गढ़ने का कोई आन्दोलन चलेगा?

जुरांग बर्ड पार्क (पक्षी पार्क) देखना सुखद अनुभव है। अद्‌भुत और तरह-तरह की चिड़ियाएँ, रंग-बिरंगी। वैज्ञानिक रूप से उनको प्राकृतिक परिवेश में रखा

गया है। हिमालय के पक्षी भी हैं। चिड़ियों की चहचहाहट से लगता है, वे इसी परिवेश में हैं। यह विज्ञान का कमाल है। हाइटेक चिड़ियाघर है। उत्तरी ध्रुव का सफेद भालू यहाँ है। विज्ञान के चमत्कार से पर्यटन उद्योग में सिंगापुर बहुत आगे निकल गया।

1998 में सिर्फ एशियाई देशों के जो पर्यटक यहाँ आए, उन्होंने 375 करोड़ की खरीदारी की। जापानी पर्यटकों ने 117 करोड़ की, तो भारतीयों ने 104 करोड़ की। सिंगापुर पर्यटन बोर्ड का कामकाज और विजन स्पष्ट है। दुनिया का सबसे प्रिय पर्यटन स्थल सिंगापुर बने।

(27 अप्रैल, 2001)

वह मानव संकल्प और पौरुष जो भारत में नहीं है

विफलता नहीं, सपनों और संकल्पों का न होना अपराध है : एक कहावत। काशी हिन्दू विश्वविद्यालय में पढ़ते हुए विद्यार्थी आन्दोलन में हम सब नारे लगाते थे—खुदी को कर बुलन्द इतना कि हर तदबीर से पहले, खुदा बन्दे से खुद पूछे बता तेरी रजा क्या है? पर ये नारे हमने लगाए, घेराव, प्रदर्शन, तोड़-फोड़ के लिए। उकसाने, उग्र होने यानी कुल मिलाकर एक नकारात्मक मानस बनाने के लिए। यही काम पूरे देश में हुआ। न सृजन के सपने जगे और न संकल्प का मानस। इस नारे का मर्म समझ में आया, दक्षिण-पूर्व एशिया के देशों को देखने के बाद। मनुष्य का इरादा, संकल्प, सृजन क्षमता क्या है? 15 अगस्त, 1947 को (आधी रात) पंडित नेहरू द्वारा कही गई उक्ति 'नियति से मुठभेड़' की सार्थकता समझ में आई। बहुत कम समय में कुछ देशों ने अपनी तकदीर बदल ली। भाग्य की कोरी किताब पर कर्म, श्रम, संकल्प और बुलन्द इरादे से नई इबारत लिखी।

देर रात सिंगापुर एयरलाइंस से हांगकांग जाते हुए, मुझे याद आया एक सिंगापुरी इंजीनियर। वह जुरांग टाउन कॉरपोरेशन के सम्बन्ध में बता रहा था। उसने ताजा प्रसंग सुनाया। केमिकल उद्योग के लिए जुरांग आइसलैंड का निर्माण। यह सपना था कि 2030 तक समुद्र की खाड़ी से 3000 एकड़ जमीन निकालकर उसे आबाद किया जाए ताकि यहाँ दुनिया की सभी मशहूर केमिकल कम्पनियों का बसेरा हो। 1990-91 में इस पर चर्चा शुरू हुई। 30-40 वर्ष आगे की योजना बनी। एक तरह से तब यह असम्भव लगा। समुद्र से 3000 एकड़ जमीन निकालकर डेवलप करना! एक बार यह सपना राष्ट्रीय संकल्प बन गया, तो तय हुआ कि इतना समय क्यों? पेट्रोलियम, पेट्रोकेमिकल्स और केमिकल्स की दुनिया का सबसे बड़ी और सर्वश्रेष्ठ 60 कम्पनियाँ आईं। उन्होंने इच्छा प्रकट की, यह काम जल्द हो। दिन-रात सिंगापुरी लग गए। भूख-प्यास और चिन्ता से मुक्त होकर 24 घंटे काम होने लगा। जैसे अपना काम हो। देश और निजी देह (अपना) का फर्क मिट गया। जो काम 35-40 वर्षों में होना था, उसे चार-पाँच वर्षों में पूरा कर लिया। समुद्र के बीच केमिकल कम्पनियों का दुनिया का सबसे बड़ा इंडस्ट्रियल स्टेट। 21

बिलियन डॉलर निवेश हुआ। 14 अक्टूबर, 2000 को इसे देश को समर्पित किया गया। दुनिया के स्तर पर यह एक असाधारण उपलब्धि है। यह सुनाते हुए उस सिंगापुरी इंजीनियर के चेहरे पर जो गौरव, उपलब्धि-बोध, इतिहास की धारा पलट देने जैसी आभा थी, वह मेरी स्मृति में टँक गई है। और ऐसी अनेक गौरवमय उपलब्धियाँ हैं। सिंगापुर से देर रात उड़ते हुए अब साथी सो रहे थे। खिड़की से विराट आसमान के तारों को निहारते हुए अनेक सवाल मुझे कुरेद रहे थे। हमारे यहाँ पहली पंचवर्षीय योजना की कई चीजें आज भी अधूरी हैं। हमारे लाखों-करोड़ रुपए ऐसी योजनाओं में फँसे हैं, जो विभिन्न पंचवर्षीय योजनाओं से शुरू हुईं, पर अधूरी रहीं। एक अर्थशास्त्री के अनुसार ऐसे डेड एसेट (बेकार परिसम्पत्ति) का मूल्यांकन हो, तो पता चलेगा कि एक पंचवर्षीय योजना की पूरी राशि फँसी हुई है। एक साहूकार-बैंकर से जब कोई उधार पूँजी लाता है, तो जल्द से जल्द उस निवेश से कमाना चाहता है। कर्ज लौटाने, ब्याज चुकाने और लाभ कमाने के लिए। हमने कर्ज लेकर अनेक परियोजनाएँ शुरू कीं, पर वे पूरी ही नहीं हुईं। झारखंड में ही अनेक परियोजनाएँ हैं। स्वर्णरेखा नहर से लेकर विभिन्न सिंचाई परियोजनाओं तक, पैसे एक की जगह दस लग गए पर रिटर्न कुछ नहीं। अफसर, नेता, ठेकेदार लूट ले गए।

देश और जनता कमजोर हो गई। एक-एक आदमी पर छह-छह हजार का विदेशी कर्ज है। भला इस आपराधिक रास्ते से कोई मुल्क चलता है! वह भी गरीब मुल्क और आश्चर्य कि देश में इन सवालों पर सब खामोश हैं।

देश बदलने का मानस अलग होता है, यह समझने का मौका मिला चीन की धरती पर पाँव रखते ही। सेनजेन का मशहूर साग्रीला होटल लॉबी में मिला। 18-20 वर्ष का युवा लगेज ब्वाय बिलकुल गौर वर्ण का चीनी युवक। टूटी-फूटी अंग्रेजी में पूछा—फ्राम इंडो (यानी इंडिया से आए हो)। एक साथी ने जिज्ञासा की—यू नो इंडिया (तुम भारत को जानते हो)। उसका जवाब था—येस नम्बर वन इन आई.टी. (हाँ, जो सूचना तकनीक में दुनिया में नम्बर एक है)। फिर बिना रुके उसने बताया—बट वी विल आलसो बी नम्बर वन इन आई.टी. वेरी सून (पर हम चीनी भी बहुत जल्द आई.टी. में नम्बर एक हो जाएँगे)। हम सब हतप्रभ थे, जिस मुल्क के एक होटल में काम करनेवाले युवा का ऐसा मानस हो, उसे आगे बढ़ने से कौन रोक सकता है!

एक साथी ने दक्षिण कोरिया का प्रसंग सुनाया। 1968 में कोरिया में स्टील कारखाना बैठाने की योजना बनी। विश्व बैंक से ऋण माँगा गया। विश्व बैंक के अफसर ने उस प्रस्ताव को अनबायबल (अव्यावहारिक) कहकर खारिज कर दिया पर कोरियाई हार नहीं माने। उन्होंने इधर-उधर से ऋण का जुगाड़ किया। कोरिया

के छोटे शहर, जो मछलियों के कारोबार के लिए मशहूर था, वहाँ यह लगा। रेतीली जमीन पर पोहांग आयरन एंड स्टील कम्पनी (पोस्को) बनी। 20 वर्षों में ही यह दुनिया की तीसरी बड़ी स्टील उत्पादक कम्पनी बन गई। पोस्को स्टील मिल की दूसरी इकाई जनवरी 1991 में चालू हो रही थी, तो प्रबन्धन ने विश्व बैंक के उसी अफसर को इस समारोह में न्योता, जो 20 वर्षों पहले इस कारखाने-परियोजना को अनबायबल व अनइकोनॉमिकल मान चुका था। तब तक विश्व बैंक के वह अफसर उसी बैंक में बड़े पद पर पहुँच गए थे। वह आए, पोस्को स्टील को देखा, लौटकर अपना अनुभव लिखा। 1992 में हार्वर्ड बिजनेस स्कूल पत्रिका में यह छपा। 1968 में विश्व बैंक के इसी बड़े इस अफसर ने इस कारखाने को ऋण देने से मना किया था। 1992 में उस व्यक्ति की राय थी।

संक्षेप में, मैं स्तब्ध हूँ। पोस्को (स्टील प्लांट) की सफलता विश्व स्टील उद्योग को सीखने के लिए कई पाठ प्रस्तुत करती है। मैं नहीं मानता कि 1968 का मेरा फैसला (ऋण न देने का) गलत था, बल्कि कोरिया ने करिश्मा-चमत्कार किया। तब कोरियाई अर्थव्यवस्था की हालत इतनी खराब थी कि उस गरीबी हालत में पोस्को जैसा स्टील प्लांट बनाना असम्भव था। इसी कारण तब मैंने अपनी फाइनल रिपोर्ट में कहा था कि स्टील मिल खोलना गलत निवेश होगा। मैं आज भी मानता हूँ कि तब मेरा अन्तिम अनुमोदन (नामंजूरी) सही था। मैं सिर्फ एक बड़ी बात नजरअन्दाज कर गया कि चेयरमैन पार्क और उनके कर्मचारी असम्भव को सम्भव बना सकते हैं?

सचमुच! असम्भव को सम्भव बनाना यह कौम जानती है। 1994 का एक प्रसंग याद आया। कोरियाई अर्थव्यवस्था उफान पर थी। अमेरिकी बाजार कोरियाई चीजों से आतंकित थे। तब विश्वप्रसिद्ध पत्रिका 'द इकोनॉमिस्ट' ने कोरिया की इस सफलता पर सर्वे कराया। द इकोनॉमिस्ट का पत्रकार एक माह कोरिया में रहा। जिस दिन उसे लन्दन लौटना था, वह सियोल के एक कारखाने में गया। कारखाने के मजदूरों के साथ बैठक में उसने अपनी यात्रा का मकसद बताया कोरिया की सफलता का राज जानना।

उस पत्रकार ने लौटकर लिखा कि महीने भर वह कोरिया घूमा। अत्यन्त अनुशासित, प्रतिबद्ध और राष्ट्रीयता में डूबी कौम से संवाद भी हुआ पर आमतौर पर लोग खामोश व कर्मठ दिखे। लेकिन कोरिया की उस यात्रा के अन्तिम दिन सियोल के उस कारखाने में एक मजदूर पूछ बैठा। द इकोनॉमिस्ट का पत्रकार थोड़ा स्तब्ध था कि आमतौर से मौन रहकर काम करनेवाली कौम का प्रतिनिधि क्या पूछना चाहता है। उस मजदूर का सवाल था कि आप महीने भर से कोरिया की सफलता के कारण ढूँढ़-पता कर रहे हैं। आपने अमेरिका, यूरोप व दुनिया

देखी है। मुझे बताइए कि मेरा देश (कोरिया) अमेरिका को पछाड़ेगा या नहीं? इकोनॉमिस्ट के पत्रकार ने क्या जवाब दिया, यह स्मरण नहीं। पर उसने लिखा कि कोरिया छोड़ने के अन्तिम दिन इस सवाल ने मुझे कोरियाई सफलता का मर्म समझा दिया।

इन प्रसंगों को पढ़ते-जानते हुए अकसर मुझे आत्मग्लानि होती है। जब हम अपढ़, गरीब और अविकसित थे तब एक मामूली काया के इनसान ने धरती के उस साम्राज्य को झुका दिया, जिनके राज्य में सूर्यास्त नहीं होता था। आज हम इतने अकर्मण्य, कापुरुष, कमजोर, आत्मसम्मानविहीन और अनैतिक कैसे हो गए!

इस वर्ष के आरम्भ में चीन के चेयरमैन ली पेंग भारत आए थे। यह देखने कि भारत आई.टी. में कैसे इतना आगे निकल गया? भारत की शिक्षा पद्धति क्या है? ली पेंग बेंगलूर भी गए, चीन लौटकर ली पेंग ने एक माह के अन्दर चीन सरकार को एक रिपोर्ट दी—भारतीय शिक्षा पद्धति के बारे में, भारतीयों के अंग्रेजी ज्ञान के बारे में। एक माह के अन्दर चीन की सरकार ने इस रिपोर्ट पर अमल किया। शिक्षा पद्धति को बदलने की शुरुआत व अंग्रेजी की पढ़ाई तेज करने का अभियान, ताकि चीन भारत से आगे निकल सके।

समयबद्ध संकल्प, यह दृढ़ता व प्रतिबद्धता भारत में कहाँ है? मलेशिया में भी यह चरित्र-संकल्प है। हरियाणा के बराबर आबादी, लगभग आठ फीसदी भारतीय मूल के लोग। यहाँ के प्रधानमंत्री महातीर मोहम्मद के दादा केरल से गए थे। पर अब वह अपनी भारतीय पहचान छुपाते-नकारते हैं। 1990 में प्रधानमंत्री वी.पी. सिंह कॉमनवेल्थ बैठक में क्वालालम्पुर गए। बैठक के बाद श्री सिंह ने अपनी टीम से कहा कि मलेशिया टीम, पाम ऑयल व रबड़ उत्पादक मुल्क था। अब वह इलेक्ट्रॉनिक चीजों का भारी मात्रा में निर्यात करता है। कच्चा तेल, प्राकृतिक गैस का उत्पादक भी। इन क्षेत्रों में भारी विदेशी पूँजी यहाँ आई पर मलेशिया की शर्तों पर। वी.पी. सिंह ने मोंटेक सिंह अहलूवालिया से मलेशिया की आर्थिक सफलता पर नोट तैयार करने को कहा। वी.पी. सिंह को मालूम नहीं था कि 70 के दशक में भारत में दो मशहूर अर्थशास्त्रियों मोंटेक सिंह अहलूवालिया और सुरेश तेन्दुलकर ने ही मलेशिया के विकास के रास्ते बताए थे—विश्व बैंक की टीम के सदस्य के तौर पर। वी.पी. सिंह के कहने पर अहलूवालिया ने भारत के विकास के लिए भी नोट बनाए। प्रेस में इसे 1990 में एम (मोंटेक) डॉक्यूमेंट कहा गया। यह उदारीकरण का ब्लूप्रिंट था। कम लोग जानते हैं कि 91 के आर्थिक उदारीकरण को इसी ब्लूप्रिंट से ऊर्जा-प्रेरणा मिली। दक्षिण पूर्व एशिया के आर्थिक संकट (1997) के दौरान मलेशिया एकमात्र देश था, जो अन्तर्राष्ट्रीय

मुद्रा कोष के पास नहीं गया। महातीर ने तो विश्व बैंक और अन्तर्राष्ट्रीय मुद्रा कोष के खिलाफ अभियान चलाया। महातीर ने खुद उस अर्थ-संकट से निपटने के लिए देशज तरीके ढूँढ़े। बाद में पाल कुर्गमेन जैसे अर्थशास्त्री ने उनकी प्रशंसा की।

ऐसे असंख्य प्रसंग हैं। चीन की धरती पर पहली रात ऐसे अनेक तथ्य याद आए। जिस चीन के इतिहास, अतीत और संघर्ष ने हमेशा प्रेरित किया, उसी चीन की धरती पर पहली रात हमें भारत के वर्तमान स्मरण ने उदास बना दिया।

(28 मई, 2001)

पुरुषार्थ-पौरुष को प्रणाम

कहावत है कि एक मछुआरे ने एम्सटर्डम की नींव डाली। यह किंवदन्ती आप मानें या नहीं, पर इतिहास भी ऐसा ही संकेत देता है। एम्सटल नदी के कछार-मुहाने से जन्मा है एम्सटर्डम। नेपोलियन ने इसे नदियों का गाद (कीचड़) कहा था। अनियंत्रित नदी, धार-दिशा बदलती नदी। बेचैन और उफनती नदी। मच्छरों और खर-पतवारों का बसेरा...

इसी धरती पर एम्सटर्डम बसा है। 1999 में पहली बार इस हवाई अड्डे पर उतरा था। तब लौटा भी इसी रास्ते। पर शहर-देश को नहीं जाना। इस बार भी सूरीनाम (दक्षिण अमेरिका) का पड़ाव यही था। पर लौटने में हम एम्सटर्डम रुके। इस हवाई अड्डे के दृश्य चमत्कृत और स्तब्ध करनेवाले हैं। एक साथ कई जहाज, उतरते-उड़ान भरते हैं। अनेक टर्मिनल हैं। नए टर्मिनल बन रहे हैं। एकदम अधुनातन। भारत के हवाई अड्डे पासंग में भी नहीं हैं। बाद में जाना। दुनिया को जोड़ने का बन्दरगाह केन्द्र भी यह रहा है। आज आसमान मार्ग से संसार को जोड़ता है। चमक-दमक, तीव्रता, इफीशियंसी, गति...एक बिलकुल नई दुनिया।

पर कीचड़-कछार पर यह दुनिया कैसे बनी? मशहूर डच लेखक सीस नुरेबुस का कथन सुना। यह धरती प्रकृति की सौगात नहीं। गढ़ी गई। बनाई गई। पर सिर्फ धरती ने ही आकार नहीं लिया। नए तरह के लोग भी उभरे। ऐसे लोग, जिन्हें जमीन दी नहीं गई। न प्रकृति ने दी और न पुरखों ने। उन्होंने बाहुबल, श्रम और पौरुष से इसे आकार दिया। गढ़ा। सदियों तक सुदूर बेचुट और गेन नदियों से पीने का प।नी नाव और जहाजों में ढोए गए।

यह सब सुनते हुए अतीत में खो जाता हूँ। वर्षों पहले इतिहास से जाना—अंग्रेज, फ्रांसीसी और डच गुलाम बनानेवाली कौमें रही हैं। इस कारण इनके प्रति मुझमें भी पूर्वग्रह है। इसलिए इनके संघर्ष-इतिहास से अनभिज्ञ रहा। अब प्रतिप्रश्न उभरते हैं— आखिर कैसे ये छोटे-छोटे मुल्क दुनिया में छा-पसर गए? अपने देश को इतना सुन्दर, साफ, मोहक और बेहतरीन कैसे बना दिया? नदी किनारे का हूँ। गंगा-घाघरा का रौद्र रूप देखा है। दलदल-कछार और छाड़न में पला-बढ़ा। बाद में ब्रह्मपुत्र का रौरव रूप देखा। पर इससे भी बदतर हालत, परिवेश और भूगोल से एम्सटर्डम-

नीदरलैंड जनमते हैं। जिसे दुनिया के सबसे उपजाऊ बेल्ट के रूप में गिना जाता है उस दोआब (उत्तर प्रदेश-बिहार) से निकले-कमाने गए युवा, कलकत्ता, दिल्ली और बम्बई से भगाए जाते हैं? कहाँ खो गया हमारा आत्मसम्मान, पौरुष और सामर्थ्य?

रात 11 बजे सूर्यास्त का समय, पर भारत बनाम एम्सटर्डम का यह सवाल, सोने नहीं दिया। हॉलैंड की धरती पर यह पहला दिन (11 जून) था। हॉलैंड, नीदरलैंड का अन्तर यहीं आकर स्पष्ट हुआ। हॉलैंड एक प्रान्त है। नीदरलैंड देश है। दोनों पर्याय नहीं हैं। जैसे ब्रिटेन और इंग्लैंड एक नहीं है।

नीदरलैंड के पूरब में जर्मनी है। दक्षिण में बेल्जियम, उत्तर और पश्चिम में समुद्र, राजधानी एम्सटर्डम और द हेग। भाषा डच और फ्रिशियन।

सबसे बड़ा आश्चर्य, नीदरलैंड की धरती नीचे है—गड्ढे जैसा और समुद्र ऊपर है। कल्पना करें, नदी ऊपर, तो खाई की भूमि तो पानी में ही डूबी होगी न, पर नीदरलैंड पर यह संसारसिद्ध सच लागू नहीं है। इसलिए वहाँ के लोग कहते हैं—नीदरलैंड का इतिहास मूलत: समुद्र के खिलाफ संघर्ष का इतिहास है। प्रकृति के खिलाफ मानवीय संघर्ष। न परास्त होने की मानवीय जिजीविषा। डच समुद्र से लड़े। समुद्र से धरती छीनी। समुद्र से जमीन निकालकर मोहक देश बना लिया। हरा-भरा भारी खेती, दूर-दूर तक खेतों में फैली हरियाली। खेतों के बीच मेड़ नहीं। सड़कें, नहरों का जाल, टुलिप के सुन्दर फूलों से आच्छादित मीलों-मीलों की धरती, फूलों के तरह-तरह के रंग। धरती की हरियाली, खेतों की हरियाली, घास-पेड़-पौधों की हरियाली, हरेपन के तरह-तरह के शेड्स, सैकड़ों की संख्या में खेतों में चरती सुन्दर गायें, आकर्षक घोड़े। इतने जीवन्त दृश्य इसके पहले नहीं देखा। मैं मनुष्य के पुरुषार्थ और पौरुष को प्रणाम करता हूँ, फिल्मों और सुन्दर रंगीन तसवीरों के जीवन्त और साक्षात् दृश्य।

इस छोटे देश ने सिर्फ प्रकृति को ही नहीं बाँधा, कला, चित्रकारी, साहित्य और विज्ञान में भी शिखर छुआ। आज इसकी राजधानी म्यूजियम, कैफे, कल्चर (संस्कृति) और कनाल (नहरों) का केन्द्र है। यहाँ भी नाइटलाइफ (रात), बार, कॉफी दुकानें मशहूर हैं। पश्चिमी इसे फन (आनन्द) का केन्द्र मानते हैं।

कहते हैं, यह शहर 'फुट (पैदल), बाइक (गाड़ी), ट्राम और बोट (नाव)' से घूम। सेक्स और ड्रग का केन्द्र है। पर एम्सटर्डम-हॉलैंड लगभग अपराध मुक्त है। सुरक्षित। कोई स्लम-गन्दगी नहीं। पर अपनी भाषा के प्रति आग्रहशील, अंग्रेजी जानते सब हैं। पर प्रयोग डच का। हाल तक वहाँ कोई अंग्रेजी अखबार नहीं था। अब इंटरनेशनल हेरल्ड ट्रिब्यून मिलता है, लेकिन उसमें भी डच भाषा के पेज होते हैं।

आज यह धरती जीवन्त, उर्वर और स्वप्नलोक जैसी है। पहले यहाँ कीचड़, पानी और गाद था। बाँध बनाकर लोगों ने जमीन सुखाए। फिर घर बने। सदियों

पहले एमस्टल नदी पर ऐसा ही बड़ा बाँध बना, जिसका नाम था—एम्सटरलेखेम। इस डच शब्द का शब्दार्थ हैं—'एम्सटल नदी का बाँध'। फिर नहरों का जाल बिछा, किनारे-किनारे सुन्दर उद्यान पार्क बने। बहस, संवाद और रोमांस के केन्द्र कवियों, कलाकारों का उद्‌भव हुआ। रेंब्राँ की अनेक मशहूर पेंटिंग्स नीदरलैंड की पुरानी जीवनशैली पर आधारित है। बन्दरगाह, समुद्री यातायात और जहाज से हॉलैंड दुनिया से जुड़ा। समुद्री ताकत बढ़ी। फिर उद्योगों को बढ़ावा। चॉकेलेट और इत्र—सुगन्ध के उत्पादन बढ़े—फिलिप कम्पनी का मुख्यालय यहीं है। यह डच बहुराष्ट्रीय कम्पनी आज भी एम्सटल नदी में अपना जहाज चलाती है। यात्रियों के लिए दुनिया की इतनी बड़ी कम्पनी, फिर भी जहाज चालन का मामूली काम। लोग आश्चर्य करते हैं। पर इस कम्पनी का अपने देश के प्रति अलग समर्पण है।

भारत की धरती से बड़ी बनी कम्पनियाँ, क्या ऐसा मामूली काम करना पसन्द करेंगी? इन देशों ने अपनी ही भूषा, भाषा, भोजन और भवन की शैली विकसित की छोटे होकर भी। दरअसल एशिया (खासतौर से भारत) और यूरोप...बड़ा फर्क माइंडसेट (दिमागी बनावट) और एटीट्यूड (सोच) का है।

डच में एक कहावत है—भगवान ने समुद्र बनाया और डच लोगों ने बन्दरगाह। यह अर्थपूर्ण है। हमें जो धरती, प्रकृति और परिवेश मिले हैं, उन्हें सुन्दर बनाना हमारे सामर्थ्य, पौरुष, कर्म और सोच पर निर्भर है। कीचड़ और कछार पर एम्सटर्डम विकसित हो सकता है। कूड़े के ढेर और दलदल पर वाशिंगटन शहर बस सकता है। मछुआरों की बस्ती से सिंगापुर का जन्म हो सकता है, कैसे? मनुष्य के कर्म, पराक्रम और श्रम से डेढ़ करोड़ की आबादी का देश हॉलैंड, 112 करोड़ की आबादी का देश भारत, डेढ़ करोड़ लोग अपने बाहुबल, परिश्रम और अप्रोच से दुनिया में छा सकते हैं और 112 करोड़ की आबादी का देश भारत, दुनिया के स्तर पर कोई हैसियत न रख पाए! यह सच मुझे बेचैन करता है। परनिन्दा, अकर्म और आलस्य बिना श्रम पैसा कमाने की जठराग्नि। हमारा मुल्क कहाँ पहुँचेगा? सार्वजनिक जीवन में स्वानुशासन-मर्यादा है। आयु के लिए आदर,...ट्रामों, ट्रेनों और हवाई जहाजों में पहले बूढ़े, अपाहिज और बच्चे बैठते हैं। फिर स्त्रियाँ, अन्धे-अशक्त लोगों के लिए लोग रास्ता छोड़ते हैं। मदद करते हैं। पैदल चलनेवालों के लिए गाड़ी रोकते हैं। मुझे अपना मुल्क-परिवेश याद आता है, क्या करुणा-मैत्री हम बातों तक ही सीमित रखेंगे!

(28 जून, 2003)

दिल खोलकर मिलती है पाकिस्तानी जनता

पाकिस्तान घूमते-देखते हुए टॉल्स्टॉय का कथन याद आया। अगर बुरे-बदमाश लोग गलत काम करने के लिए एकजुट हो सकते हैं, तो अच्छे लोग भी अच्छे कामों के लिए एकजुट हो सकते हैं। पेंच यही है कि आज दुनिया में बुरे (जो अल्पमत में हैं) लोगों की जमात है, पर बहुसंख्यक अच्छे लोग बिखरे हैं। खूबसूरत इस्लामाबाद के एक युवक ने जिन्ना सुपर मार्केट में कहा कि भारत-पाक दोनों देशों में सियासत करनेवालों को एक साथ हम (बहुसंख्यक जनता) कारगिल की बर्फीली पहाड़ियों में छोड़ आएँ। भारत-पाक के रिश्ते स्वतः ठीक हो जाएँगे।

यह बयान मस्तिष्क से नहीं, दिल से निकला था। एहसास से ही इसकी अनुभूति हो सकती है। पाकिस्तान में आम जनता (शासकों को छोड़कर) हर भारतीय को मेहमान मानती है। बिना कुछ खिलाए-पिलाए वे छोड़ते नहीं। दुकान में जाइए, चाय-कॉफी पीनी ही पड़ेगी। सामान की कीमत स्वतः कम हो जाएगी। टैक्सी में जाइए, जिस गर्मजोशी-मोहब्बत से वे आपको सैर कराएँगे, आप भूल नहीं सकते। होटलों में जाइए, बैरे या अन्य आपको मेहमान मान लेंगे।

दुनिया के बड़े देश देखे—सम्पन्न, आधुनिक और ताकतवर मुल्क; पर भारतीय को जो अपनत्व पाकिस्तान में साधारण लोगों से मिलता है, वह कहीं और नहीं। निश्चित रूप से अपवाद भी होंगे। हाँ, पाकिस्तान का शासक वर्ग अपने हितों-स्वार्थों के लिए भारत से दूरी चाहता है। जैसे भारत में धर्म और जाति की पूँजी से ही कुछ राजनीतिक दल जीवित हैं, वैसे ही पाकिस्तान का शासक वर्ग (पंजाब मूल के बड़े व्यवसायी, बड़े जोतदार, सेना के लोग, पश्चिम से पढ़े-लिखे पाकिस्तानी) भारत-घृणा पर पाकिस्तान में जीवित है। दोनों देशों की इन राजनीतिक ताकतों का मकसद, कार्य-संस्कृति, सोच और चरित्र एक है। दोनों देशों में यह राजनीतिक ताकत अत्यन्त अल्पमत में हैं, पर एकजुट है। शासन में है। नफरत फैलाने व समाज को बाँटने, राज करने में सिद्धहस्त। अच्छे लोग खुद (95 फीसदी से अधिक) इन शासकों को पहचानते नहीं। बिखरे हैं। जिन्ना सुपर मार्केट का वह युवा जब दोनों देशों के नेताओं को कारगिल में छोड़ आने की बात कर रहा

था, तो वह टॉल्स्टॉय की उस संवेदना की याद दिला रहा था कि अच्छे लोग अच्छे काम के लिए एकजुट हों।

भारत-पाक दोनों ओर से कुछ लोग इस काम में लगे भी हैं। उनका प्रयास तीन स्तरों पर है—(1) जनता से जनता का संवाद, (2) बौद्धिकों का सम्पर्क और (3) सिविल मूवमेंट में लगी ताकतों के बीच एका। जिन दिनों इस्लामाबाद में सार्क सम्मेलन चल रहा था, उन्हीं दिनों कराची, लाहौर वगैरह में जन संवाद के कई गैर-सरकारी कार्यक्रम भी चल रहे थे। कराची में छिटपुट नुक्कड़ नाटक हो रहे थे। एक नाटक था, कश्मीर से जुड़ा। नाटक में एक ही लड़की (कश्मीर) के लिए दो लड़के मार-काट कर रहे थे। लड़की (कश्मीर) चुपचाप खून-खराबा देखती रही। अन्त में वह (कश्मीर) एक दूसरे युवक अमन के साथ चली गई। कराची में हुए इस नुक्कड़ नाटक को देखकर लोग खूब हँसे। यह एकांकी 'पाकिस्तान इंडिया पीपुल्स फोरम फॉर पीस एंड डेमोक्रेसी' के छठे संयुक्त सम्मेलन के समापन समारोह में लोगों ने देखा।

इस सम्मेलन में भी खुलकर बातें हुईं। लोकतांत्रिक तौर-तरीके से समस्याओं के हल ढूँढ़े जाएँ, इस पर बात हुई। इस फोरम के भारतीय पक्ष के अध्यक्ष हैं—अर्थशास्त्री अशोक मित्र। मेनस्ट्रीम के सम्पादक सुमित चक्रवर्ती भी इसमें मौजूद थे।

ऐसे संवादों-आयोजनों के अवसर भारत-पाक के शासक दें, तो स्थिति सुधरेगी। सार्क में भाग लेनेवालों की भी यही राय थी।

(11 जनवरी, 2003)

एज ऑफ इकोनॉमिक्स के नए मुशर्रफ

आगरा (जुलाई 2000) और इस्लामाबाद (जनवरी 2004) के मुशर्रफ अलग-अलग हैं। इस्लामाबाद के मुशर्रफ मैच्योर, एक अंश तक विजन-सम्पन्न और कुछ सकारात्मक करने को आतुर लगे। उनका अप्रोच, एटीट्यूड और बॉडी लैंग्वेज भिन्न थे। सेना का चोला उतारकर वह अपने मुल्क में एक नई सुबह के लिए बेचैन पॉलिटिशियन लगे। दो-दो हमलों से बाल-बाल बचे मुशर्रफ सोबर (नम्र) और कॉन्फिडेंट (आत्मविश्वास से लबरेज) थे। पत्रकार वार्ता में तीखे सवाल हुए, पर सेना अफसर की तरह उन्होंने न संयम खोया, न विचलित हुए, बल्कि कई गम्भीर मुद्दे उन्होंने उठाए एक समझदार पॉलिटिशियन की तरह।

उनका सपाट पर प्रभावी अनुरोध था मीडिया से। कहा—एक नया माहौल हम साथ मिलकर बनाएँ। संशय-दूरी पैदा करनेवाली चीजों को बढ़ावा न दें। तभी नई शुरुआत होगी। उनका सीधा प्रश्न था—बम्बई में बॉर्डर-एल.ओ.सी. जैसी फिल्में बनें या पाक में ऐसी चीजें हों, तो हम बँटे मन-दिल जोड़ पाएँगे ? जनरल से राष्ट्रपति बने मुशर्रफ के इस सवाल को आसानी से खारिज करना सम्भव नहीं। मुशर्रफ ने माना कि दोनों देशों के 'हार्डलाइनर' ही असली चुनौती हैं। आगरा में 'टेररिज्म' शब्द पर बिदककर बिना संयुक्त बयान जारी किए पाक लौटनेवाले राष्ट्रपति मुशर्रफ ने इस्लामाबाद घोषणा-पत्र में खुलेआम माना कि 'टेररिज्म' गम्भीर चुनौती है। उन्होंने कहा कि आगरा के बाद 'नदियों' में काफी पानी बहा है, आगरा में जो तार टूट गया था। इस्लामाबाद में वह जुड़ गया है।

इस बदलाव को दुनिया ने देखा और गौर किया है। पाकिस्तान के मशहूर पत्रकार नजम सेठी (फ्राइडे टाइम्स) ने भी यह महत्त्वपूर्ण बदलाव पाया है। उनके अनुसार मुशर्रफ के नेतृत्व में 15 वर्षों बाद पाकिस्तान के हार्डलाइनरों (कट्टरपंथियों) ने यह समझा है कि कश्मीर में युद्ध भारत झेल सकता है, क्योंकि उसकी ताकत है तेजी से विकसित होती आर्थिक व्यवस्था। भारत आर्थिक ताकत बन रहा है। वाजपेयी के नेतृत्व में भारत ने भी यह पाया कि अपने सबसे करीबी देश से शत्रुता पालते हुए भारत महाशक्ति नहीं बनेगा। खबर तो यह भी है कि आई.एस.आई. ने

भी जनरल इसानुल हक के नेतृत्व में यह समझ लिया है कि मजहब के नाम पर कट्टर लड़ाकू पैदा करना, बाजार के इस युग में कठिन है। यह 'एज ऑफ इकोनॉमिक्स' (अर्थ दौर) है। पाकिस्तान में यह आवाज गूँजने लगी है कि चीन का व्यापार सन्तुलन 200 मिलियन डॉलर से बढ़कर पाँच बिलियन डॉलर हो सकता है, तो 'साउथ एशियन रीजन' में नई शुरुआत क्यों नहीं हो सकती ? नए मुशर्रफ इस नई शुरुआत-नई पहचान की भाषा-मुहावरे बोलने लगे हैं।

उनसे पत्रकारों ने पूछा—सेना के जनरल, जो राजनीति में उग्र बातें करने का आदी रहा हो, जिसने बार-बार यह घोषणा की हो कि कोर इश्यू (मूल मुद्दा) कश्मीर के बगैर भारत से कोई बात नहीं होगी, वह कैसे इस्लामाबाद में बदल गया ? मुशर्रफ का जवाब दिल छूनेवाला था। कहा कि सेना का जवान युद्ध के मैदान में जो हिंसा, रक्तपात और विनाश देखता है, वही शान्ति-समृद्धि की जरूरत शिद्दत से महसूस कर सकता है।

यह भी लगा कि इतिहास से मुशर्रफ ने सीखा है। इस्लामाबाद में उल्लेख हुआ। दो महायुद्धों या उसके पहले कई शताब्दियों तक यूरोपीय देश एक-दूसरे के खून के प्यासे थे। फ्रांस, जर्मनी का इतिहास पलटें। आस्ट्रिया-पोलैंड वगैरह का। कत्लेआम, युद्ध, विनाश ही उनके अतीत रहे। वे अगर एकजुट होकर आर्थिक महाशक्ति बन सकते हैं, तो हम क्यों नहीं ? पहले कोयला और इस्पात पर यूरोपीय देशों में एका हुई। इस गर्भ से निकला—यूरोपियन यूनियन। उसी 'ट्रेंड' और 'पॉलिटिक्स' के पुल चढ़कर भारत-पाक 'एशियन शताब्दी' के गौरव के हकदार क्यों न बनें, मुशर्रफ का पाकिस्तान इस पर गम्भीर डिबेट (बहस) कर रहा है। इस्लामाबाद में विश्वसनीय लोगों से सुना। पाकिस्तान के प्रधानमंत्री ने भारत के प्रधानमंत्री से हाथ मिलाते हुए कहा—इस बार मजबूती से हाथ पकड़ा है, छोड़ेंगे नहीं। यह सम्बन्ध साउथ एशिया की नई पहचान समृद्धि की बुनियाद हो सकता है।

(12 जनवरी, 2004)

तक्षशिला में रखरखाव बेहतर है नालन्दा से

ताजा पाकिस्तान यात्रा का न भूलनेवाला प्रसंग है—तक्षशिला यात्रा। भारत से पाकिस्तान गई पत्रकारों की बड़ी टोली, पाकिस्तानी सुरक्षा बन्दोबस्त में तक्षशिला पहुँची।

तक्षशिला इस्लामाबाद से लगभग 35 किलोमीटर दूर है उत्तर-पूरब की ओर। चार लेन की सुन्दर, चौड़ी सड़कें हैं। पाक ड्राइवर बताता है कि ये सुन्दर सड़कें मियाँ साहब (नवाज शरीफ) की देन हैं।

इतिहास-अतीत के प्रसंग इस यात्रा में स्वतः पलटते जाते हैं। बौद्ध ग्रन्थों में तक्षशिला की चर्चा मिलती है। ह्वेनसांग ने इसे 'ताचा-शि-लो' कहकर पुकारा, ऐसा पाकिस्तान म्यूजियम का ब्रोशर बताता है। ईसा से 400 वर्षों पहले, चीनी यात्री फाह्यान भी यहाँ आया था। इसी ब्रोशर के अनुसार उसने तक्षशिला को चाउ-चा-शि-लो पुकारा। तक्षशिला का इतिहास ईसा से छह सौ वर्षों पहले शुरू होता है। हालाँकि लोकमान्यता है कि भरत के पुत्र तक्ष के नाम पर तक्षशिला स्थापित हुई। यह मनानेवाले वाल्मीकि रामायण का हवाला देते हैं। बाद में इसकी ख्याति प्राचीन भारत के सबसे प्रमुख विद्यापीठ के रूप में हुई। तक्षशिला, नालन्दा और विक्रमशिला प्राचीन भारत के तीन ज्ञान केन्द्र थे। बौद्ध दर्शन के भी पीठ। आधुनिक काल के हार्वर्ड, कैम्ब्रिज और ऑक्सफोर्ड।

पर इतिहास से कुछ और सूचनाएँ मिलती हैं। तक्षशिला विद्यापीठ के कारण मशहूर होने से पहले बड़ा व्यावसायिक केन्द्र था। चीन, यूनान, पर्शिया, अफगानिस्तान और भारत को जोड़ने का केन्द्र। विभिन्न भाषाओं-संस्कृतियों का संगम स्थल। तक्षशिला के समृद्ध अतीत को याद करते-देखते भारत के पत्रकारों को लगता है कि पिछले ढाई-तीन हजार वर्षों में दोनों देश (भारत-पाक) अपने उदार अतीत और बहुआयामी संस्कृति से कितना भटके हैं?

तक्षशिला म्यूजियम परिसर में भटकते हुए पग-पग पर म्यूजियम की सुव्यवस्था और रखरखाव देखा जा सकता है। बुतशिकन (मूर्तिभंजक) मुल्क में म्यूजियम का यह बन्दोबस्त रखरखाव! पाकिस्तान के बारे में अनेक भ्रम टूटते हैं। बुद्ध, इतिहास और अतीत मन्थन, मेरे प्रिय विषय हैं। बिहार के नालन्दा-राजगीर बार-बार खींचते हैं।

नालन्दा-राजगीर की हर यात्रा में आप पा सकते हैं कि इन ऐतिहासिक जगहों के रखरखाव में उपेक्षा और उदासीनता है। केन्द्र और राज्य दोनों स्तरों पर। पाकिस्तान स्थित तक्षशिला म्यूजियम भव्य, साफ-सुथरा और करीने से व्यवस्थित है। 1918 में लॉर्ड चेम्सफोर्ड ने इसकी नींव रखी। लाहौर के मशहूर आर्किटेक्ट बी.एम. सुलिवान ने बिल्डिंग की डिजाइन बनाई। इसका लोकार्पण अप्रैल 1928 में शिक्षा सदस्य सर मुहम्मद हबीबुल्ला ने किया। मशहूर सर जॉन मार्शल ने ही यहाँ (1913 से 1934 के बीच) भी खुदाई करवाई थी।

तक्षशिला घाटी है। बौद्ध स्तूप, मठ और गुफाओं का यह केन्द्र रहा है। 18 किलोमीटर लम्बाई और 8 किलोमीटर चौड़ाई में फैला था। चौतरफा पहाड़ियों से घिरा। हारो नदी के किनारे। म्यूजियम के आसपास सात प्रमुख खुदाई स्थल हैं जहाँ अतीत के अवशेष मौजूद हैं।

म्यूजियम में बुद्ध की तरह-तरह की मूर्तियाँ हैं। भिन्न-भिन्न भंगिमाओं में। ईसा से दो-तीन सौ साल पहले की मूर्ति है, अभयमुद्रा में बुद्ध जन्म से मृत्यु तक बुद्ध का जीवनचरित। महाभिनिष्क्रमण में। कंठ घोड़े और राजसी वस्त्रों से विदा लेते बुद्ध। यशोधरा को छोड़ने का मार्मिक दृश्य। बुद्ध पर मार का हमला। सुजाता की खीर। पहला प्रवचन। ध्यान में बुद्ध, अभयमुद्रा में बुद्ध। ये दृश्य देखते-देखते मैं अपने प्रिय स्थलों सारनाथ, बोधगया और नालन्दा-राजगीर की पहाड़ियों में डूब जाता हूँ जहाँ बुद्ध ने मुक्ति के सन्देश दिए। करुणा की बात की। मध्यम मार्ग का रास्ता दिखाया। शीत-ताप में सम होने का सन्देश दिया। वही जगहें आज कितने ताप-तनाव में हैं! हजारों किलोमीटर दूर तक्षशिला की हवा में उस ताप-तनाव की गन्ध नहीं पाता।

भांड-गहने भी हैं, म्यूजियम में गान्धार कला के साक्षात् जीवन्त सौन्दर्य। सात हजार दुर्लभ चीजें तक्षशिला म्यूजियम में हैं। एक-एक मूर्ति, गहने, भांड या वस्तु का भव्य अतीत। इन चीजों को निखरते-परखते हम भारतीय पत्रकारों की टीम तक्षशिला का अतीत खँगालने लगती है।

तक्षशिला पहले व्यावसायिक मंडी बना। यूनान, पर्शिया, अफगानिस्तान, चीन से लगातार आवागमन के कारण यहाँ के व्यवसायियों ने अपने पुत्रों को शिक्षा देने के लिए विद्वानों को आश्रय देना शुरू किया। विद्यार्जन के लिए भवन का निर्माण कराने लगे। आचार्यों के रहने-खाने का प्रबन्ध भी। फिर देश के विभिन्न भागों से विद्वान यहाँ आने लगे। बाद में व्यापारी संघों ने भी केन्द्रों को आर्थिक मदद शुरू की।

इसी तरह तक्षशिला विद्या केन्द्र बना। पूँजी-व्यवसाय ने ज्ञान को आश्रय दिया। पहले बिजनेस शुरू हुआ, तब तक्षशिला का ज्ञानपीठ बना। आज 21वीं शताब्दी में दुनिया के बड़े पूँजी घराने ही मिलकर श्रेष्ठ 'बिजनेस स्कूल' वगैरह बना रहे हैं। तीन

हजार वर्षों पुरानी पूँजी–ज्ञान सम्बन्ध आज भी उसी ढर्रे पर।

मैं पाटलिपुत्र प्रेमी, तक्षशिला आकर खो गया, क्योंकि चाणक्य ने तक्षशिला में रहकर ही पढ़ाई की। फिर आचार्य बने। फिर चन्द्रगुप्त मौर्य को तक्षशिला भेजा विद्यार्जन के लिए। सुना है, संस्कृत व्याकरण के आचार्य पाणिनि ने भी तक्षशिला में ही ज्ञान पाया था। महात्मा बुद्ध के समय मशहूर वैद्य थे जीवक। बौद्ध सूचनाओं के अनुसार तक्षशिला में ही उन्होंने शल्यक्रिया व चिकित्सा की शिक्षा पाई। जीवक के बारे में कहा जाता है कि जब वे तक्षशिला से शिक्षा पाकर लौट रहे थे, तो रास्ते में कई असाध्य रोगों का इलाज किया। उनके यश से खुश राजाओं ने उन्हें आभूषण व धन से लाद दिए। मगध पहुँचने से पहले ही उनकी चर्चा वहाँ पहुँच चुकी थी। बिम्बसार ने उन्हें राजवैद्य बनाया। राजगीर में आज भी वैद्य जीवक के बारे में दन्तकथाएँ–लोकमान्यताएँ आप सुन सकते हैं। वे महात्मा बुद्ध के भी वैद्य थे।

बौद्ध साहित्य के अनुसार तक्षशिला में 5,000 से 10,000 छात्र विद्यार्जन करते थे। तक्षशिला के गौरवशाली होने के बारे में गुप्तकाल तक प्रमाण मिलते हैं, हालाँकि कनिष्क साम्राज्य से ही तक्षशिला अपना गौरव खोने लगा। कनिष्क से पहले, 185 ईसा पूर्व तक यूनानियों का प्रभाव तक्षशिला पर बढ़ गया था।

पहली शताब्दी में कनिष्क के आगमन ने यूनानी कला को प्रोत्साहित किया। जब वह बौद्ध बन गया, तो तक्षशिला के विद्वानों का राज्याश्रय बन्द हो गया।

हालाँकि पाकिस्तान म्यूजियम द्वारा तैयार ब्रोशर में चाणक्य का नाम नहीं है। सिकन्दर के तक्षशिला आगमन की बात नहीं है। तक्षशिला के शासक आम्भि द्वारा सिकन्दर को आश्रय देने की चर्चा नहीं है। पर ब्रोशर इतिहास नहीं होता। चाणक्य का नेहरू ने किस पैशन (जज्बात) से 'डिस्कवरी ऑफ इंडिया' में उल्लेख किया है, यहाँ आकर स्मृति में कौंधता है। चाणक्य, आचार्यों के आचार्य। मुझे मैकियावेली भी याद आते हैं। बहुत पहले अपनी बहुचर्चित कृति 'प्रिंस' लिखकर मैकियावेली आधुनिक राजनीति के दाँव–पेच को नैतिक जामा पहना गए। पर उनसे भी पहले चाणक्य ने माना—साधन से साध्य सधते हैं। षड्यंत्र से भी राजसत्ता की सफाई जायज है। पर चाणक्य का एक और नुस्खा था, जिसने उन्हें महान लोगों की श्रेणी में पहुँचाया। षड्यंत्र या ऐसी रणनीति सिर्फ राजसत्ता की हिफाजत के लिए, निजी महत्त्वाकांक्षाओं की पूर्ति के लिए नहीं। निजी स्तर पर पाटलिपुत्र की झोंपड़ी में रहते हुए विशाल साम्राज्य को आकार देनेवाले आचार्य के सिद्धान्त आज पाकिस्तान–भारत दोनों के शासकों के लिए प्रासंगिक नहीं रहे।

तक्षशिला म्यूजियम से दो किमी. दूर सिरकप भी हम गए। खुदाई के आधार पर इतिहासकार बताते हैं कि ईसा से दो सौ साल पहले यह बना। दो हजार फीट की खुदाई पर नियोजित ढंग से बनाई बस्ती मिली। बाजार, घर, राजा का आवास,

जैन मन्दिर वगैरह। बौद्ध स्तूप, सम्राट अशोक के पुत्र के रहने का वर्णन। सब जगह करीने से तख्तियाँ लगी हैं, जिन पर ये सूचनाएँ दर्ज हैं। कहते हैं सेंट थामस भी सिरकप आए थे।

पास के मारगला पहाड़ियों की इन तलहटियों में पग-पग पर इतिहास है। भारत-पाक के अतीत हैं। विभिन्न संस्कृतियों के संगम की राख भी है। युद्ध-संहार जैसे अध्याय भी हैं। पर इतिहास के धवल पक्ष से आज दोनों देशों में कोई सीखने को तैयार है?

(21 जनवरी, 2004)

दुनिया में 'सिक्का' है कोरिया के ब्रांडों का

'सोल 05' का निमंत्रण मिला, तो दक्षिण कोरिया से जुड़ी तीन बातें स्मृति में उभर आईं। पहला, 1995 में अमेरिका यात्रा के दौरान प्रत्यक्ष देखा-सुना, स्वानुभव, दक्षिण कोरिया की औद्योगिक ताकत से अमेरिकी बाजार में बढ़ती बेचैनी का एहसास; दूसरी, उन्हीं दिनों विश्व की प्रतिष्ठित पत्रिका 'द इकोनॉमिस्ट' में छपा 'दक्षिण कोरिया' का पढ़ा हुआ सर्वे। तीसरी बात, हार्वर्ड बिजनेस स्कूल की पत्रिका (वर्ष 1992) में पढ़ा हुआ 'पोहांग आयरन एंड स्टील कम्पनी' (पोस्को) का 'केस स्टडी'। इसके बहुत बाद में संयुक्त मोर्चा-वाम मोर्चा की सरकार के वित्त मंत्री पी. चिदम्बरम (1997) 'सम्पादकों के सम्मेलन' को सम्बोधित करते हुए एशियन टाइगर्स, एशियन वित्तीय संकट, पूर्वी एशिया के बाजारों-अर्थव्यवस्था के गुब्बारा फूटने और गम्भीर अर्थसंकट का विवेचन कर रहे थे, तब भी 'दक्षिण कोरिया' जाने की उत्सुकता मन में थी।

हालाँकि यह यात्रा भिन्न थी। 'सोल 05' (दक्षिण कोरिया की राजधानी सियोल का उच्चारण 'सोल' है), 'वर्ल्ड एसोसिएशन ऑफ न्यूजपेपर्स' का आयोजन था। इसके तीन कार्यक्रम थे। पहला 'वर्ल्ड न्यूजपेपर कांग्रेस' का 58वाँ सम्मेलन, दूसरा वर्ल्ड एडिटर्स फोरम' का 12वाँ सम्मेलन और तीसरा 'इनफो सर्विस एक्सपो 2005' का आयोजन। '91 के उदारीकरण के बाद अखबार उद्योग में अकल्पित बदलाव आए हैं। मास मीडिया और इंटरटेनमेंट इंडस्ट्री (मनोरंजन उद्योग) बड़े उद्योग तो हुए ही हैं, साथ ही 'करेक्टर' (चरित्र) और 'कंटेंट' (विषयवस्तु-सामग्री) भी बदल गए हैं। ग्लोबल दुनिया-समाज-संस्कृति से तालमेल बैठाने की जुगत में। अब अखबार उद्योग भी एक चुनौतीपूर्ण विधा है। इसमें हो रहे बदलावों को जानना, अपने पेशे-विधा में बने रहने की बुनियादी शर्त जैसा है। 'पोस्ट इंडस्ट्रियल इकोनॉमी' (औद्योगिक अर्थव्यवस्था के बाद का युग) या 'सूचना क्रान्ति' या 'ग्लोबल इकोनॉमी' या 'डेथ ऑफ डिसटेंस एरा' (दूरी खत्म होने व ग्लोबल विलेज के दौर में) की खास बात है—युवापन। दुनिया के महत्त्वपूर्ण देशों में 20 से 35 वर्ष की पीढ़ी (युवा-युवती) कंट्रोल व कमांड (संचालन की

केन्द्रीय भूमिका में) में हैं। 'रिटेचमेंट (छँटनी), 'सरप्लस मैन पावर' (अधिक कर्मचारी), (वी.आर.एस. स्वैच्छिक अवकाश योजना), 'रिडिम्पलायमेंट' (किसी अन्य काम में नियोजन) के इस दौर में अपनी विधा-पेशे (पत्रकारिता) में दुनिया स्तर पर हो रहे बदलावों को जानते-समझने, प्रासंगिक रहने की भूख युवा अवस्था की चाहत है, तो शायद बदलती दुनिया में तालमेल न रखने की स्थिति में अप्रासंगिक बन जाने का भय भी है। क्या इस जिज्ञासु प्रवृत्ति के मूल में भय है, मोह और राग-विराग हैं? नहीं पता। पिछले दिनों राजगीर के वेणुवन के पास देर रात अकेले घूमते हुए बार-बार लगता रहा कि संसार के मोहपाश में कितना बँध गया! ज्ञान मुक्ति देता है, यह पुरानी धारणा है। आज 'ज्ञान' व 'प्रासंगिक रहने की भूख' सांसारिक सफलता के लिए जरूरी है? क्या यही जीवन है? क्या यही मकसद था?

यात्रा चाहे देश में हो या विदेश में, ये सवाल पीछा नहीं छोड़ते। कुछेक वर्षों से यह गहरा एहसास है कि न जाने कब जीवन मशीन बन गया?

सुबह उठना, दर्जनों अखबारों को बाँचना (धीरे-धीरे यह प्रामाणिक मत बन गया है कि अखबार सिर्फ सूचनाएँ, कई बार परस्पर विरोधी-गलत, देते हैं—उन्हें पढ़ना छोड़ दिया जाए, तो बौद्धिक तेज-ज्ञान में कमी नहीं होगी), दफ्तर के नोट बनाना, जल्दी तैयार होना, फोन घनघनाना, फिर दफ्तर के पूर्व नियोजित काम, बैठक, बाहर के कार्यालयों से संवाद...इसमें न जाने कब शाम हो जाती है, फिर घर, रात तक कार्यालय से सम्पर्क। ऐसा करते 15 वर्ष इस वर्ष के अन्त में हो जाएँगे। राँची रहते। पर राँची शहर के अनेक इलाके अनदेखे हैं। यही हाल बम्बई में था, हैदराबाद में रहा, पटना, कोलकाता और दिल्ली में भी। इन शहरों में रहा, पर इनसे मुकम्मल दरस-परस नहीं हुआ। सिर्फ बनारस छोड़कर, जहाँ पढ़ा और काशी की वह अनोखी संस्कृति देखी, जो दुनिया को खींचती है। पर काशी विद्यास्थली थी, ज्ञान की खोज, जीवन के सवाल पूछने की बेचैनी जैसे संस्कार काशी में मिले, तो जिन शहरों ने रोजी-रोटी का मंच दिया, नौकरी दी, उन शहरों ने जिज्ञासा सोख ली। जीवन को मशीन बना दिया। मशीन बना जीवन अचानक रिटायर होने पर सूना हो जाता है, तब वह जीवन के मूल सवालों से बहुत दूर निकल चुका होता है। हर यात्रा इस कठोर यथार्थ से रूबरू कराती है। यह मारक, बेचैन करनेवाला एहसास भी विराट संसार के अलग-अलग रूप देखने से खत्म होता है। इस अर्थ में यात्राएँ ऊर्जा देती हैं।

दक्षिण कोरिया की यात्रा शुरू करते समय भी यही मनोभाव है। इस देश से जुड़ी बातें उभरती हैं। 1995 में एक माह अमेरिका में था। तब सुना अमेरिकी वर्चस्व को अमेरिकी बाजार में जिन देशों से चुनौती मिल रही है उनमें एक दक्षिण कोरिया है। सुनकर अच्छा लगा। एक एशियाई देश, छोटा देश। दुनिया की महाशक्ति के लिए चिन्ता का विषय बन रहा है। टेक्सटाइल, ऑटोमोबाइल, केमिकल, इलेक्ट्रॉनिक्स

जैसे क्षेत्रों में कोरिया की चीजों से अमेरिकी बाजार पटे हैं। सस्ते और क्वालिटी में बेहतर कोरियाई चीजों के मुकाबले अमेरिकी उद्योग मार खा रहे हैं। 21 मई, 2005 के द इकोनॉमिस्ट में छपा कि कैसे दक्षिण कोरिया का कार निर्माता हुंडई अमेरिका में गाड़ियाँ बना रहा है। वही हुंडई, जिसे राँची की सड़कों पर देखता हूँ। भारत में दक्षिण कोरिया के विश्वप्रसिद्ध ब्रांडों, सैमसंग, एलजी वगैरह के साथ साख बना ली है। रसूख कायम कर लिया है। पिछले वर्ष जाड़ों में दक्षिण भारत की सुन्दर सड़कों पर जिन आरामदेह वोल्वो बसों में यात्रा का सुख मिला था, उनकी जड़ें भी कोरिया में ही हैं। 20 मई, 2005 को इसी हुंडई ने अमेरिका में अपना पहला कारखाना खोला है। अमेरिका में कार खरीदनेवालों के बीच लोकप्रिय पत्रिका 'कंज्यूमर रिपोर्ट्स' का निष्कर्ष है कि हुंडई की कार '2004 सोनाटा' अमेरिका की सबसे विश्वसनीय कार है। कारों के बाजार पर निष्पक्ष अध्ययन करनेवाले 'आर्बिटेटर' (पंच) जेडी पावर का कहना है कि हुंडई में खराबी की दर पिछले वर्ष सबसे कम खराबी आनेवाले कार निर्माताओं की सूची में दूसरी थी। टोयोटा के ठीक बाद। अमेरिका के अलबामा में 1.1 बिलियन डॉलर से तैयार हुंडई कारखाने को प्रतिस्पर्द्धी अमेरिकी कार निर्माता 'डिटाएट' जैसा 'पेंशन, स्वास्थ्य सुरक्षा' और यूनियनबाजी की समस्याएँ नहीं हैं, इसलिए हुंडई को लेकर अमेरिकी कार निर्माता बेचैन हैं। हुंडई दो नारों को लेकर अमेरिकी उपभोक्ताओं के सामने है—'क्वालिटी और रिलायबिलिटी' (गुणवत्ता व विश्वसनीयता)। पाँच वर्ष की वारंटी (अमेरिकी बाजारों के लिए अनोखा सूत्र), कार के इंजन और ट्रांसमिशन पर 10 वर्ष की वारंटी। हुंडई बाद में लक्जरी कार, स्पोर्ट्स कार, ट्रक वगैरह अमेरिका में बनाने की तैयारी में है। इस साल हुंडई अलबामा कारखाने में तीन लाख सोनाटा सीडेन गाड़ियाँ बनेंगी।

कोरिया के ही कार बस-ट्रक निर्माता हैं 'देउ'। इस कम्पनी ने 'जनरल मोटर्स' से गठबन्धन कर लिया है। टाटा घराने ने ट्रक बनानेवाले देउ को ले लिया है। सैमसंग भी कार बनाता है। फ्रांस की विश्वविख्यात रेनाल्ट से इसने गठबन्धन किया है। पर दक्षिण कोरिया के कार बाजार में 73 फीसदी हिस्सा हुंडई का है। हुंडई के लोग हमेशा—हर समय बदलती परिस्थितियों-चुनौतियों के अनुरूप खुद को बदलते-तैयार करते रहे हैं। हुंडई समूह के स्थापक चुंग जू-यंग के बड़े पुत्र ने 1998 में काम सँभाला, तो कम्पनी में इंजीनियरों के महत्त्व को शिखर पर पहुँचा दिया और 'डिफेक्ट्स' (खराबी) को घटाने-न्यूनतम करने का नारा दिया। यह मनोवैज्ञानिक कदम था। कार उद्योग के जानकार इंजीनियर थे, महारत-कौशल, निपुणता उनमें थी। इसलिए ऐसे 'प्रोफेशनलों' को शिखर पर ले जाना, महत्त्व देना, साथ में हुंडई कार की डिफेक्ट (खराबियों) को न्यूनतम पहुँचाने का नारा देना, यह प्रसंग जानते हुए मुझे भारत के आई.ए.एस. याद आते हैं। हर मर्ज की दवा, कार, बिजली,

अर्थव्यवस्था, प्रबन्धन, शिक्षा, कल-कारखाना, रक्षा, उद्योग, साइंस टेक्नोलॉजी, सूचना...जैसे अनेक अत्यन्त विशिष्ट और प्रोफेशनल क्षेत्रों में भी शिखर पर आई.ए.एस. बैठे हैं। शासन भी वही चलाते हैं। इस दास-सामन्ती मनोवृत्ति-मानस से भारत को सुधारनेवाला कोई राजनीतिज्ञ पैदा होगा?

बदलती दुनिया में नए मानस से काम करनेवाले मुल्क, पौने पाँच करोड़ की आबादीवाले कोरिया के 'ब्रांडों' ने दुनिया में शोहरत पाई है, खलबली-धूम मचाई है। सैमसंग इलेक्ट्रॉनिक्स और एलजी इलेक्ट्रॉनिक्स ने दुनिया समेत भारत के कोने-कोन में दस्तक दी है। सैमसंग-एलजी के फ्लैट पैनल टेलीविजन, डिजिटल उत्पाद पूरी दुनिया में धूम मचा रहे हैं। हुंडई हो या देउ या सैमसंग या एलजी हर उद्योग-निर्माता 'रिसर्च एंड डेवलपमेंट' (शोध व विकास) पर बड़ा खर्च करता है। नित नया। अच्छी से अच्छी सेवा। जीरो डिफेक्ट का दवाब। मेरे मन में सवाल उभरते हैं, कैसे पौने पाँच करोड़ का मुल्क दुनिया की प्रतिस्पर्द्धा में अपना झंडा गाड़ देता है, पिछले 40-50 वर्षों में ही; पर 105 करोड़ की आबादी के देश का कोई अन्तर्राष्ट्रीय ब्रांड बाजार में नहीं है। हमारा कोई घराना-उद्योग समूह उस स्तर का नहीं है। यह अन्तर व्यक्ति, समाज, आबोहवा, इतिहास के कारण है या व्यवस्था, राजनीतिक प्रणाली, सामाजिक मन-मिजाज के कारण है?

यह सब सोचते हुए अचानक कोरियन एयरलाइंस के विमान में चल रहे फ्लैट टी.वी. पर निगाह ठहर जाती है। 1033 किलोमीटर प्रति घंटा की रफ्तार से उड़ रहा है विमान। 33000 फीट की ऊँचाई पर। खिड़की के बाहर, गहरा नीला आकाश दिखता है। आकाश का अक्षत सौन्दर्य, गहरा नीलापन। वह सौन्दर्य, जो शब्द नहीं बता सकते। कृष्ण याद आते हैं। सचमुच प्रकृति और पौरुष (ईश्वर-प्रकृति, कृष्ण के सन्दर्भ में) के सौन्दर्य से बढ़कर कुछ भी नहीं। हवाई मार्ग का नक्शा टेलीविजन पर आता है। हम मुम्बई-आन्ध्र, ओडिशा होते हुए बंगाल की खाड़ी बांग्लादेश छोड़ आए हैं। थाईलैंड पार कर लिया है। हनोई (वियतनाम) के ऊपर हैं। हांगकांग के बगल से। चीन के शंघाई के ऊपर से 'ईस्ट चाइना सी' (चीन का पूर्वी समुद्र) पार करते हुए हम सोल के इनचेन इंटरनेशनल एयरपोर्ट पहुँचेंगे। शंघाई के ऊपर से गुजरते हुए चीन, हांगकांग और सिंगापुर की पुरानी यात्रा याद आती है। मुम्बई से सोल की हवाई यात्रा सात घंटे की है, भारत के समय से 3.30 घंटे आगे। इसलिए 10.30 घंटे की यात्रा मानी जाती है। यह सब सूचनाएँ पढ़ते हुए कोरियन एयरलाइंस का नारा पढ़ता हूँ—'कीप स्काई ब्लू, लैंड ब्यूटीफुली' (आकाश को नीला रखें और धरती को सुन्दर)।

जहाज में अँधेरा ही है। लोग सोए हैं। खिड़की खोलकर निहारता हूँ। सुमित्रानन्दन पन्त याद आते हैं। न जाने नक्षत्रों से कौन निमंत्रण देता मुझको मौन

याद आता है। क्षितिज पर सफेदी के आहट साफ हैं। कृष्णनाथ जी की पुस्तक 'पृथ्वी परिक्रमा' की पंक्तियाँ याद आती हैं। 'पुराना संसार छूट रहा है। लौटने पर वही नहीं रहनेवाला है। कुछ भी नहीं। बिना छूटे मिलता नहीं। छूटता क्या है? मिलता क्या है? भूमि, लोग, चीजें, सम्बन्ध पीछे छूटते हैं। भूमि, लोग, चीजें, सम्बन्ध आगे खींचते हैं। नीचे धरती आ गई है। जल (समुद्र) छूट गया है। छोटी-छोटी पहाड़ियाँ, स्लेटी-सी, रेतीली और ताँबई धरती। अनजान धरती। जीवन भी तो अनजान ही है। आने-जाने का खेल।' यात्राओं का संसार, भवसागर का चक्र।

जहाज दक्षिण कोरिया की धरती पर उतरता है। समय देखता हूँ। मेरी भारतीय घड़ी में दिन के डेढ़ बजने को हैं, दक्षिण कोरिया में पाँच। कालचक्र में पीछे छूट गया हूँ। अगर कोरिया के कालचक्र से जुड़ जाऊँ, तो अपनी धरती से भटक जाऊँगा। कालचक्र की यही दुविधा है। दुविधा, संशय, अनिर्णय, द्वन्द्व, पसोपेश शायद मनुष्य के अंग हैं। जो इनसे मुक्ति चाहता है, वह दार्शनिक है, बुद्ध है, पाथेय है। हम तो यह जनम भटक गए। भटकाव में मुक्ति नहीं, द्वन्द्व ही है, सो, इसी द्वन्द्व मानस के साथ दक्षिण कोरिया के भव्य, आलीशान, अधुनातन, तकनीक समृद्ध हवाई अड्डे, इनचेन इंटरनेशनल एयरपोर्ट पर हूँ। कोरियन एयर की पत्रिका हाथ में है, जो कहती है 'लैंड ऑफ मार्निंग काम' (शान्त सुबह की धरती) में आपका स्वागत। मुझे अपने देश की देशज कहावत 'सुबहे बनारस, शामे अवध' याद आती है।

(9 जून, 2005)

'संज्ञा' से 'विशेषण' बना पोस्को

पोस्को का पूरा नाम है—'पोहांग आयरन एंड स्टील कम्पनी'। ओडिशा में इसी पोस्को द्वारा स्टील कारखाना बैठाने की चर्चा है। यह एक कम्पनी का नाम है, इस अर्थ में संज्ञा है। पर यह नाम कैसे 'कोरियाई संकल्प, सामर्थ्य और असम्भव को सम्भव करने का प्रतीक बन गया। इस अर्थ में विशेषण है। वैसे ही जैसे एक इनसान, समाज या देश इतिहास या अतीत में एक निजी इकाई से उठकर इतिहास बन जाता है। उदाहरण बन जाता है, अपने कर्मों से, अपने संकल्प-साधना और ध्येय से। वैसे ही जैसे 'सिंगापुर' को मछुआरों के गाँव के रूप में ली युआन क्यू ने पाया और अपने नेतृत्व में विश्व स्तर का देश बना दिया। व्यक्ति से वह इतिहास बन गए। संज्ञा से विशेषण हो गए। जीते जी किंवदन्ती। उसी तरह जैसे सोनी की गाथा है। दूसरे विश्वयुद्ध में जापान तबाह-ध्वस्त हो गया था। कुछेक संकल्पवान युवकों ने बम से तबाह-ध्वस्त एक कमरे में सपना देखा—जापान को विश्व बाजार में सर्वश्रेष्ठ बनाने का। उनमें से ही एक थे—अकाई मोरितो, 'सोनी' कम्पनी को शुरू करनेवाले। टूटे कमरे में, साधनविहीन मुल्क में, कुछेक बेरोजगार सपना देखते हैं और उसे सच्चाई में बदल डालते हैं। यही है, मनुष्य का अपराजेय पौरुष, असाधारण संकल्प, सृजन की अद्‌भुत क्षमता। यही ताकतें-ऊर्जा 'संज्ञा' से 'विशेषण' बनाती हैं।

'पोस्को' संज्ञा से विशेषण कैसे बना? यह अध्ययन किया 'हार्वर्ड बिजनेस स्कूल' ने। 1992 में यह अध्ययन वर्षों पहले पढ़ा था। कोरिया की धरती पर पाँव रखते ही वे स्मृतियाँ उभर आईं।

1968 में वर्ल्ड बैंक के एक वरिष्ठ अधिकारी का निष्कर्ष था—कोरिया में 'इंटीग्रेटेड स्टील मिल' नहीं लग सकती। 23 वर्षों बाद उसी अफसर ने कहा, 'संक्षेप में कहूँ, तो स्तब्ध हूँ। पोस्को की सफलता से दुनिया की स्टील इंडस्ट्रीज बहुत कुछ सीख सकती हैं। मैं नहीं मानता कि मेरा निर्णय उन दिनों गलत था। (इस अधिकारी ने पोस्को स्टील शुरू करने सम्बन्धी जो प्रस्ताव विश्व बैंक के पास ऋण देने के लिए दिया था, उस पर लिख दिया था, 'अनबायबल' (अव्यावहारिक) और ऋण देने से मना कर दिया था।) उस समय कोरियाई अर्थव्यवस्था की बदतर हालत देखते हुए

पोस्को जैसा स्टील प्लांट खड़ा कर लेना असम्भव था। इसी कारण इस स्टील प्लांट के वित्तीय ऋण प्रस्ताव पर मैंने लिखा कि स्टील कारखाना लगाना अच्छा निवेश नहीं होगा। मैं आज भी मानता हूँ कि मेरी अनुशंसाएँ-निष्कर्ष सही थे। पर मैं एक बड़ी चीज को नजरअन्दाज कर गया। वह थी कि इस स्टील कम्पनी के चेयरमैन पार्क और उनके सहकर्मियों में 'असम्भव' को 'सम्भव' बनाने की क्षमता-कला।

यही 'असम्भव को सम्भव बनाने की क्षमता' कोरियाई संस्कृति में है। पर पहले पोस्को स्टील प्लांट की चर्चा। वर्ल्ड बैंक के अधिकारी का यह बयान पूरी पृष्ठभूमि की झलक देता है।

पोहांग, जहाँ यह स्टील प्लांट लगा है, तब एक मामूली कस्बा था—दक्षिण कोरिया के पूर्वी छोर पर। मुख्य धन्धा मछली मारना था। कोरिया गरीब मुल्क था। ते-जून पार्क की आकांक्षा थी स्टील कारखाना खोलने की। न पूँजी थी, न अन्य संसाधन। विकसित देशों ने 'स्टील बनाने की तकनीक' देने से मना कर दिया। 'आयरन ओर' (लौह-अयस्क) भी नहीं था दक्षिण कोरिया में। चेयरमैन पार्क जहाँ भी पूँजी या तकनीक की मदद के लिए जाते, लोग कमेंट करते, 'रेत से स्टील बनेगा'। चूँकि पोहांग तटीय इलाका है, इसलिए पानी, रेत और मछली की वहाँ बहुतायत है। दक्षिण कोरिया के राष्ट्रपति उन्हीं दिनों अमेरिका गए। उनके साथ टीम में चेयरमैन पार्क भी गए। कोरिया के राष्ट्रपति ने अमेरिकी राष्ट्रपति से इस स्टील प्लांट को बैठाने में वित्तीय मदद की चर्चा की। तब अमेरिकी राष्ट्रपति ने इस प्रस्ताव की छानबीन के लिए एक सिंडीकेट बनाया, जिसके प्रेसीडेंट फाय बनाए गए, पर यह प्रोजेक्ट धुन की तरह चेयरमैन पार्क व उनकी टीम पर सवार था। पुनः अमेरिका से मिले आश्वासन पर चेयरमैन पार्क एक अन्तिम कोशिश करने वहाँ गए। चेयरमैन पार्क ने 'उस दिन' को याद करते हुए लिखा है, 'अप्रैल 1969 में मैं प्रेसीडेंट फाय से मिलने गया। हमने पूरी रात बात की, पर निष्कर्ष था, नो टेक्नोलॉजी, नो मनी (न तकनीक मिलेगी, न पूँजी)। पोस्को ने अनेक प्रतिभाशाली लोगों को नियुक्त कर लिया था। चूँकि कोई काम शुरू नहीं हो पा रहा था, इसलिए लोग अब छोड़कर जाना चाहते थे। हम अत्यन्त गम्भीर संकटों-चुनौतियों से घिरे थे। यह मेरे लिए सबसे कठिन चुनौती-संघर्ष और संकट के क्षण थे।

विश्व बैंक ऋण देने के प्रस्ताव को नामंजूर कर चुका था। चेयरमैन पार्क ने लिखा है कि प्रेसीडेंट फाय मेरे लिए दुखी थे। वह मेरी निराशा भाँप चुके थे। इसलिए मुझसे अनुरोध किया कि मैं कुछ दिनों छुट्टियाँ बिताने उनके हवाई द्वीप स्थित बँगले पर चला जाऊँ। उस हताश, पस्त और हारे मानस के साथ मैं हवाई गया। मैं बार-बार खुद से पूछ रहा था कैसे इस संकट से निकलूँ। कोरिया पहुँचने पर मैं कितनी तरह की चुनौतियों से घिर जाऊँगा, इसी चिन्ता, उधेड़बुन में मुझे याद आया कि ऋण

देने के लिए अमेरिका में जो सिंडीकेट बना था, (प्रेसीडेंट फाय उसी सिंडीकेट के अध्यक्ष थे) उसमें जापान नहीं था। फिर मेरे मन में जापान से ऋण लेने की बात आई। जापान से यह ऋण माँगने का आधार भी मेरे मन में था। चूँकि जापान ने लम्बे समय तक कोरिया पर शासन किया था, कब्जा किया था, इसलिए नैतिक आधार पर इस प्रोजेक्ट को ऋण देने के लिए वह सहमत हो जाएगा, ऐसा सोचा।

इस तरह अनेक अड़चनों को दूर कर 1 अप्रैल, 1970 को पोहांग स्टील कारखाने की नींव पड़ी। कोरिया के जीवन में यह यादगार क्षण था। कोरिया के औद्योगिकीकरण और आर्थिक विकास की दृष्टि से यह वह क्षण था, जिसने दक्षिण कोरिया का इतिहास बदल दिया। विकास की यात्रा का पहला कदम। धीरे-धीरे पोहांग दुनिया के दूसरे-तीसरे नम्बर का स्टील प्लांट बन गया। जनवरी 1991 में इसी पोहांग स्टील की एक नई यूनिट का विस्तार हो रहा था। तब चेयरमैन पार्क ने विश्व बैंक के उसी अफसर को इस अवसर पर पोहांग में आमंत्रित किया, जिसने 1968 में इस स्टील प्लांट को 'अनबायबल' (अव्यावहारिक) बताया था और ऋण देने से मना कर दिया था। 1991 में वही अफसर वर्ल्ड बैंक के 'एशिया' कार्यालय से बदलकर, पदोन्नति पाते हुए विश्व बैंक के मुख्यालय अमेरिका पहुँच गए थे। तब वह बहुत बड़े पद पर थे। चेयरमैन पार्क के निमंत्रण पर विश्व बैंक के वह अफसर पोहांग पहुँचे, तो दंग रह गए। उसी अफसर की टिप्पणी ऊपर दर्ज है, जिसमें कहा गया है कि इस प्रस्ताव पर विचार करते समय मैं यह भूल गया कि इस स्टील कम्पनी के चेयरमैन पार्क और उनके सहकर्मियों में 'असम्भव' को 'सम्भव' बनाने की क्षमता-कला है। पोस्को की सफलता के बारे में एक बार चेयरमैन पार्क से पूछा गया। उनका उत्तर था, 'मैंने सिर्फ यही किया कि बुनियादी वसूलों पर टिका रहा। ईमानदारी, काम में पूर्णता (परफेक्शन), काम में बखूबी। चौकस। परफेक्शन यानी एक-एक छोटी चीज की अति सावधानी से प्लानिंग। सोल में पार्क के घर के आगे यह दर्ज था—'शॉट लाइफ फॉर इंटरनल मदरलैंड' (मातृभूमि के लिए समर्पित यह अल्प जीवन)।

पार्क किंवदन्ती बन गए। एक प्रचलित चर्चा है। चीन के नेता देंग सियाओ पिंग ने जापान के निप्पन स्टील कम्पनी से पोस्को जैसा स्टील प्लांट चीन में बैठाने को कहा। निप्पन स्टील कम्पनी के चेयरमैन ने यह प्रस्ताव ठुकरा दिया। कहा—यह प्रस्ताव, कीमत, निवेश और प्रयास के अनुकूल नहीं है, जब तक पार्क जैसा सक्षम 'चेयरमैन' आपके पास नहीं है। दिन-रात कभी भी अपने सहकर्मियों के बीच पार्क घूमते और उनसे कहते—इस बात का फख्र करो कि इस देश की सबसे महत्त्वाकांक्षी परियोजना में हम कार्यरत हैं। इस देश को जब हमारी जरूरत (पोस्को स्टील प्लांट) थी, तब हमारे पास तकनीक नहीं थी, पूँजी नहीं थी, संसाधन नहीं

थे। इतना ही नहीं, देश में और देश के बाहर हमारे इस प्रोजेक्ट के लिए लोगों का समर्थन नहीं था। किसी को यकीन नहीं था कि यह कारखाना यहाँ लग सकता है।

मुझे एहसास था कि मैं उस धरती पर हूँ, जहाँ पोस्को की अविश्वसनीय सफलता की गाथा फिजाओं में है। जहाँ पार्क जैसों के संकल्प, तप और धुन आबोहवा में है। जहाँ एक 'पोस्को' के जन्म ने सैमसंग, हुंडई, एलजी वगैरह जैसों की कतार खड़ी कर दी है। उस आबोहवा, माहौल और परिवेश को समझने की कोशिश करता हूँ, जहाँ लोग 'असम्भव' को 'सम्भव' बनाते हैं और 'संज्ञा' को 'विशेषण'।

(10 जून, 2005)

बदलती दुनिया के कुछ दृश्य

सुबह के पाँच बजे हैं। नींद खुल जाती है। अपनी घड़ी पर नजर जाती है। भारत में रात के डेढ़ बज रहे होंगे। उठकर खिड़की से बाहर नजर डालता हूँ। आसमान में चाँद चमक रहा है। लन्दन के विश्व हिन्दी सम्मेलन (1999) में वेबली के शानदार भव्य हाल में जगजीत सिंह को गाते सुना था—'मेरे देश में निकला होगा चाँद'। सुदूर इस अनजान जगह में गाँव की याद आती है, जहाँ खुले आसमान में चाँद और तारों को देखा। हर मौसम में आसमान के अलग-अलग रूप। बिजली की अनुपस्थिति में प्रकृति का सान्निध्य। जहाँ आधुनिक 'रोशनी' (बिजली) है, वहाँ प्रकृति नहीं। पहाड़ों, जंगलों, नदियों और समुद्र के किनारे का आकाश, चाँद-सितारे, बिलकुल अलग छाप छोड़ते हैं। वही चाँद कोरिया में देख रहा हूँ। यही प्रकृति का विराट स्वरूप है। ब्रह्मांड है। सोल तड़के सुबह देख रहा हूँ। दूर चारों तरफ पहाड़ हैं। पहाड़ के बीचोबीच बड़ी-बड़ी भव्य बिल्डिंगें। हांगकांग-न्यूयॉर्क की तरह। होटल की 11वीं मंजिल पर हूँ। होटल से लगी एक पहाड़ी है। पेड़ों से आच्छादित। बीचोबीच शहर में। पिछले दिन शाम में वहाँ गया। पाया कोई ऐतिहासिक भवन है। बहुत पुराना निर्माण है। अत्यन्त सँजोकर रखा है। सुन्दर पेड़ों के बीच। रखरखाव सुन्दर है। ऐतिहासिक स्थलों और अतीत के धरोहरों के प्रति पश्चिम में भी सजगता है। पूरब के जो देश सम्पन्न हो रहे हैं उनमें भी। खिड़की खोलता हूँ। समुद्र की लहरों जैसी आवाजें आती हैं। तीन वर्षों पहले गोवा किनारे समुद्र के पास होटल में था। खिड़की खोलें, समुद्र की लहरों का गर्जन सुनें-देखें। यहाँ आवाजें लहरों की नहीं, भव्य सड़कों पर तेज भागती गाड़ियों की आ रही हैं। पश्चिम विकास-संस्कृति का दर्शन दुनिया में पसर गया है। ओरिएंटल ईस्ट में भी। इसलिए इस आधुनिक विकास के साथ ही भाग-दौड़, शोर जुड़ा है। भारत के बड़े नगरों मुम्बई वगैरह में भी ऐसा ही है। जीने के लिए दौड़ना है, सुबह चाकरी के लिए भागना है, रहने के लिए भी, लौटने के लिए भी। यह कैसी दुनिया है जहाँ शान्ति से जीने के लिए भी दौड़ना है!

दो दिनों से नितान्त अकेले हूँ। परदेस में। हजारो-हजार किमी. दूर। नितान्त अजनबी

परिवेश। याद नहीं, ऐसा अकेलापन पीछे कब मिला था। आत्मीय दूर, बन्धु-बान्धव दूर, परिचित भी नहीं। इससे पहले जब भी विदेश जाना हुआ, कोई-न-कोई परिचित साथ था। 1995 में अमेरिका गया। फ्रैंकफर्ट होकर। हम पाँच लोग साथ थे। लौटा ब्रिटेन होकर अकेले। पर ब्रिटेन में अनेक परिचित थे। दूसरी बार ब्रिटेन गया। बेल्जियम-फ्रांस होकर। फिर ब्रिटेन लौटा। एम्सटर्डम होकर। आना-जाना अकेले हुआ, पर ब्रिटेन से लेकर बेल्जियम तक आत्मीय मिले। फिर सिंगापुर-हांगकांग-चीन घूमा। मित्रों के साथ। साथ में अनुराग चतुर्वेदी थे। 1978 के पुराने मित्र। 'धर्मयुग', 'रविवार' में साथ-साथ रहे। उनकी जीवन्तता का कायल हूँ। एशिया के देशों को उनके साथ देखने में आनन्द आया। अगली यात्रा में भी वह सहयात्री थे। दिल्ली से एम्सटर्डम, फिर सूरीनाम। सूरीनाम से लौटकर एम्सटर्डम में पड़ाव। हॉलैंड देखा। वहाँ से रेल से जर्मनी-ऑस्ट्रिया (वियना) की यात्रा। फिर लौटकर एम्सटर्डम। वहाँ से ब्रिटेन। ब्रिटेन में पड़ाव के बाद मुम्बई। बर्मा और पाकिस्तान भी जाना हुआ। हर यात्रा में परिचित-अपरिचित (जो यात्रा में मित्र बन गए) साथ रहे। दक्षिण कोरिया में पिछले तीन दिनों से नितान्त अकेला हूँ। आज शाम 58वें वर्ल्ड न्यूजपेपर्स कांग्रेस की भव्य शुरुआत है। भारतीय परिचित वहाँ मिलेंगे।

पर यह अकेलापन अच्छा लगता है। भागती जिन्दगी में यह ठहराव-पड़ाव है। मशीन बनती जिन्दगी पर नजर डालने के क्षण हमारे मनीषियों ने एकान्त-मौन पर कितना बल दिया था। अब अध्यात्म के व्यवसायी 'एकान्त' व 'मौन' की पैकेजिंग करके तरह-तरह से बेच रहे हैं, पर जीवन में 'एकान्त' के ये पड़ाव जरूरी हैं।

इस अपरिचित शहर सोल में दो दिनों से घूम रहा हूँ। शाम में भी पैदल। कहीं कोई भय नहीं। अपरिचय जैसा नहीं। क्या यह कानून-व्यवस्था का चमत्कार है? भारत में, बिहार-झारखंड में दूर-दराज की बात छोड़िए, शहरों में देर रात कोई अजनबी-विदेशी सड़कों पर पैदल घूम सकता है? लोग बरजते हैं। राँची में रात 9-10 बजे लूटने के लिए गोली मारते हैं। पर अपरिचित सोल में घूमते हुए आप उभरती नई दुनिया की झलक पाते हैं।

अनुशासन, कानून-व्यवस्था, पद्धति-नियमानुसार काम क्या 'जींस' में होते हैं? कम से कम भारत का अनुभव यही कहता है। नियमानुसार न चलना मौलिक अधिकार है। ट्रैफिक देखें, कब कौन किधर से निकल जाए। धक्का मार दे, लालबत्ती की परवाह न करे, यह क्षण-क्षण की घटनाएँ हैं। रेल टिकट हो या हवाई टिकट या हर सार्वजनिक स्थल पर नियम तोड़ना-वी.आई.पी. बनना रोजमर्रा के दृश्य हैं। शायद ऐसी बेतरतीबी, बेढंगा शऊर के पीछे सरकारी-सार्वजनिक कार्यालयों में 'इफीशियंसी' (सक्षमता) का अभाव है। घूसखोरी है। क्या कानून,

स्वस्थ परम्परा और सामाजिक अनुशासन के बगैर हम 'भारत' को बड़ा और महान बना पाएँगे? सोल एयरपोर्ट पर उतरते ही सार्वजनिक अनुशासन की झलक स्वतः मिलने लगती है। लोग स्वतः पंक्तिबद्ध खड़े हो जाते हैं। इमिग्रेशन हो या बोर्डिंग पास लेना हो या पूछताछ करनी हो, चुपचाप पंक्तिबद्ध लोग खड़े हो जाते हैं। लक्ष्मण रेखा है। वहाँ से एक आदमी ही सम्बन्धित कर्मचारी अफसर के पास काम के लिए जाता है। सब कुछ लयबद्ध। तुरन्त काम होते हैं। सरकारी या सार्वजनिक या होटलों के कर्मचारी इतने विनम्र, शालीन कि आपकी मदद के लिए अपना काम छोड़कर साथ रहते हैं। भारत के सरकारी कामगारों के अहंकार, दर्प, ऐंठ और कठोरता के ठीक विपरीत। कहीं लम्बी कतार या देर तक इन्तजार नहीं। सफाई, दूसरा उल्लेखनीय पहलू है। पार्क, सड़क, चौक-चौराहे पर उल्लेखनीय सफाई। हर जगह फूल-पत्ते, उम्दा-तेज और समयबद्ध पब्लिक ट्राँसपोर्ट। इनचेन इंटरनेशनल एयरपोर्ट से दूर 'सोल सिटी सेंटर' के लिए बस मिलती है, टैक्सी से अत्यन्त कम दर पर। लगातार हर 15 मिनट के इंटरवल पर। हर चीज व्यवस्थित है। क्या यह 'व्यवस्था' भारत में लागू नहीं सकती? अन्ततः यह व्यवस्था लागू करने की जिम्मेवारी किसकी है? सरकार-प्रशासन की। या इन दोनों का हित इस लुंजपुंज अव्यवस्था में है, इसलिए भारत में चुस्त व्यवस्था नहीं है।

पिछले कुछेक वर्षों से अंग्रेजी के बढ़ते प्रभाव से यह धारणा बन गई है कि ग्लोबल दुनिया की एकमात्र भाषा अंग्रेजी ही है। आधुनिकता = विकास = अंग्रेजी। चीन में जो कुछ यात्रा करते हुए देखा, बाद में चीन से लगातार ऐसी खबरें भी आईं, जिनसे पुष्ट हुआ कि आधुनिक चीन, बदलते चीन की भाषा-नीति बदल गई है। अंग्रेजी का व्यापक असर हो रहा है। पर दक्षिण कोरिया में आकर लगा कि विकास, आधुनिकता का पर्याय अंग्रेजी नहीं है। लगभग शत प्रतिशत (0.5 फीसदी अपवाद छोड़कर) बोर्ड-सूचनाएँ दक्षिण कोरिया की अपनी भाषा में हैं। होटलों में, दुकानों में, सार्वजनिक स्थलों पर भाषा की गम्भीर समस्या है। अंग्रेजी जाननेवालों की संख्या कम है। फिर भी दक्षिण कोरिया के ब्रांड-प्रगति की पहुँच दुनिया में दूर-दूर तक है। कोरिया की युवा पीढ़ी को कोरियाई अखबार अंग्रेजी पढ़ाने का अभियान चला रहे हैं। 'न्यूयॉर्क टाइम्स' द्वारा प्रकाशित इंटरनेशनल हेरल्ड ट्रिब्यून यहाँ बिकता है। साथ में आठ पेज का 'जूंग' कोरियाई प्रकाशन। इसके साथ रोजाना आठ पेज टेबलायड आकार में 'थिंक इंगलिश' (अंग्रेजी में सोचो) बँटता है। इसमें शुरू से अन्त तक कोरियाई भाषा में सामग्री रहती है, साथ में उसका अंग्रेजी अनुवाद। यह अंग्रेजी सीखने का अभियान है। चीन से आए पत्रकार बताते हैं, चीन में अंग्रेजी पढ़ने-बोलने की स्पर्द्धा है। शंघाई से खबर है कि आजकल सबसे अधिक जो

पुस्तक चीन में बिक रही है, वह 'ऑक्सफोर्ड इंग्लिश डिक्शनरी' है। चीनी से अंग्रेजी जानने की किताबें और अंग्रेजी बोलने के पाठ्यक्रम धड़ल्ले से बिक रहे हैं। चीन में 'अंग्रेजी में वार्तालाप' सीखने के जहाँ पाठ्यक्रम चल रहे हैं, वहाँ 3-4 महीनों की प्रतीक्षा के बाद एडमिशन होता है। 4000 युआन (लगभग 21000) फी देकर बच्चे अंग्रेजी बोलना-पढ़ना सीख रहे हैं। अंग्रेजी का जोर एशिया-पूर्वी एशिया में फैल रहा है। नई ग्लोबल दुनिया की बनती एकमात्र भाषा।

न्यूजपेपर कॉन्फ्रेंस में कोरिया के हाइटेक होने का अनुभव हुआ। मेज पर छोटे टेप के आकार की एक मशीन थी। चौकोर। उसके साथ कान में जोड़कर सुनने का ईयर फोन। इस यंत्र का कहीं और से कोई सम्बन्ध नहीं। पता चला अनुवाद की मशीन है। चीन या स्पेन से आए लोग अपनी भाषाओं में बोल रहे थे, तो कान में लगाया। तत्काल अंग्रेजी अनुवाद। इसी तरह कोई अंग्रेजी में बोल रहा होता, तो उसे चीनी, फ्रेंच, जर्मन वगैरह सात भाषाओं में सुना जा सकता था। वक्ता के भाषण के साथ-साथ अनुवाद। विज्ञान मनुष्य के लिए इस अर्थ में वरदान है, यह हाइटेक की दुनिया की छोटी झलक है। भविष्य में ऐसे चमत्कार बढ़ेंगे ही।

(11 जून, 2005)

रूस में लेनिन, चीन में माओ और वियतनाम में हो ची मिन्ह अब नायक या प्रेरणास्त्रोत नहीं है

वर्ष '90–92 के दौरान 'द इकोनॉमिस्ट' की एक महिला पत्रकार ने बहुचर्चित पुस्तक लिखी थी—'द डेथ ऑफ डिस्टेंस' (दूरी की मौत)। दुनिया 'ग्लोबल' बन रही है। 'ग्लोबल विलेज' बन रहे हैं। यह सब सैद्धान्तिक स्तर पर सुना था। पर इस बार ऐसी दुनिया का एहसास हुआ 'सोल वर्ल्ड एडिटर्स फोरम' में शरीक होकर। लंच में एक साथ 700–800 लोग बैठते थे। एक-एक डायनिंग टेबल पर पाँच या छह। विभिन्न देशों के। विभिन्न भाषाओं के। अलग-अलग पृष्ठभूमि के। अलग-अलग संस्कृतियों के।

हमने चीनी, जापानी, कोरियाई, वियतनामी, यूरोपीय, अमेरिकी, रूसी, अरब वगैरह देशों के लोगों के साथ बैठकर खाया। लंच लिया। मनुष्य कहीं भी हो, भावनाओं के स्तर पर वह जुड़ा है। भाषा, परिवेश, भूगोल के कारण दूरी नहीं है। ग्लोबल विलेज से यह व्यावहारिक सामना था। 'द डेथ ऑफ डिस्टेंस' (दूरी की मौत) का अनुभव। विभिन्न देशों-परिवेशों के लोगों से मुलाकात एक अनुभव है—दुनिया-बदलाव को समझने की दृष्टि से।

पर ग्लोबल विलेज का यह संवाद शिक्षाप्रद था, तो स्तब्धकारी भी। सम्मेलन के पहले दिन शाम बस से हम कहीं जा रहे थे। साथ में एक चीनी पत्रकार थे। वह भारत जानने को उत्सुक थे, मैं चीन। वह भारत की 'सॉफ्टवेयर ताकत' के बारे में जानना चाहते थे। हमारी दिलचस्पी चीन के बदलाव-माओ-कम्युनिस्ट पार्टी वैगरह के बारे में जानने की थी। तब भी जब तीन वर्षों पहले चीन घूमा था। चीन, माओ 'फैसिनेट' करते रहे हैं, विद्यार्थी-युवा दिनों से, माओ की कविताएँ, एडगर स्नो की चीन पर विश्वविख्यात पुस्तक न जाने कितनी बार हमने पढ़ी। बहस की। उन्हीं दिनों वह एक नायक, असाधारण हीरो, इतिहास-पुरुष के रूप में मन में बैठ गए। हालाँकि चीन के हमले की घटना ने गहराई से आहत किया। इमर्जेंसी के दौरान 'माओ की मौत' पर बी.बी.सी. सुनते हुए हम लोग पूरी रात बहस-विवाद में डूबते-

उतराते रहे थे। बनारस की वह रात भूल नहीं पाता। सो, चीनी बन्धु से पूछ बैठा—आपके देश की युवा पीढ़ी माओ को याद करती है? उनका वय 55 के आसपास रहा होगा। कौतुक से उन्होंने मुझे देखा। परखा। थमकर बोले—अब मेरी उम्र के कम्युनिस्ट पार्टी के लोगों में ही वह जीवित हैं। पर पार्टी में भी कुछ लोगों का उनके प्रति 'रिजर्वेशन' है पर युवा पीढ़ी उन्हें शायद ही जानती है। उसकी कोई रुचि-दिलचस्पी माओ या साम्यवाद में नहीं है। वह फ़िल्म या टी.वी. के लोगों को नायक मानती है। यह 'मोबाइल' (दोनों अर्थों में मोबाइलधारी और गतिशील) पीढ़ी है। इसका सपना है, शीघ्र सम्पन्नता, डूबकर मौज-मस्ती, आत्मकेन्द्रित, अपने में डूबी हुई। यह बाजारवाद और उपभोक्ता के दौर की पीढ़ी है। इसके तार-लय जीवन-दर्शन से जुड़े हैं। क्षणीजीवी। सफल होने के लिए 'साधन' और 'साध्य' के बहस को फिजूल माननेवाली पीढ़ी। इस पीढ़ी का जीवन-दर्शन-मूलमंत्र समझने की कोशिश करता हूँ, तो बेंजामिन फ्रैंकलिन का कथन याद आता है। नेहरू का यह प्रिय कोट (उद्धरण) था : एक युवा के जीवन में गहरे अन्धकार का क्षण वह होता है, जब बगैर परिश्रम के वह पैसा चाहता है।

बस से बाहर देखता हूँ। रोशनी की बाढ़ में सोल की सुन्दर सड़कें, जगमगाती रोशनी में सड़कों पर हाथ में हाथ डाले चहलकदमी करते कोरियाई युवा-युवती। अपने देश के युवा मानस की स्मृति उभरती है। वहाँ भी गांधी, नेहरू, जे.पी., लोहिया, 'अतीत' हो रहे हैं। भारत की युवा पीढ़ी भी तत्काल 'सम्पन्नता, उपभोग और सफलता' के दर्शन से प्रेरित है। तो क्या दूर चीन, कोरिया, भारत या पश्चिम की युवा पीढ़ी के जीवन-दर्शन के स्रोत एक हैं? एक साम्यवादी व्यवस्था का युवा और एक खुले लोकतंत्र का युवा मानस समान धरातल पर! दार्शनिक कृष्णनाथ जी (बौद्ध और जिद्दू कृष्णमूर्ति के सहयोगी) याद आते हैं। 1987 में 'रविवार' के लिए उनसे एक लम्बी बातचीत की थी। बदलती दुनिया विषय पर। तब उन्होंने कहा था—भविष्य में देखना, यह पश्चिमी जीवन-दर्शन चुम्बक की तरह दुनिया के युवाओं को खींचेगा। इसमें युवा मन है, गति है, खुला, स्वच्छन्द और मुक्त जीवन है। वर्जनाहीन सेक्स है। बात-बात में तलाक है। जुड़ाव-अलगाव में भी गति है। स्थायी सम्बन्ध नहीं। 'कोका कोला' एक पेय नहीं, प्रतीक है। फास्ट लाइफ (गति-वेग) इसका उल्लेखनीय पहलू है। कोरिया में भी तेज रफ्तार से दोपहिया चलाते युवकों को देखता हूँ, तो भारत के युवा याद आते हैं। हर शहर में तेज गति (तरह-तरह की मोटरसाइकिलों पर) से गाड़ी चलाते युवा। राँची में भी। बढ़ते एक्सीडेंट और बेमौत मरते युवा। शायद धैर्य नहीं, इस पार या उस पार का मानस। क्या यह विश्वव्यापी बयार है? ग्लोबल दुनिया की संस्कृति! समझ नहीं पाता, क्या गलत है या क्या सही है!

उस दिन देर रात तक सोचता रहा। माओ चीन की चौहद्दी से उठकर पूरी दुनिया की एक पीढ़ी के लिए आकर्षण का केन्द्र रहे। हमारे लिए तो इतिहास के अमर नायकों जैसे। उस दौर में जब भौगोलिक दूरी की मौत नहीं हुई थी। संचार क्रान्ति नहीं हुई थी। भाषा और भोगौलिक सीमा की दूरी थी। तब चीन के नायक भारत की युवा पीढ़ी के लिए भी प्रेरक हुए, आज वह अपने ही देश में भुलाए जा रहे हैं? यह सूचना सदमा जैसा था। अपने ही जीवन में अपने मानस नायकों को विस्मृति के गर्भ में जाते देखना, बेचैन, आहत करनेवाला एहसास है। पर यह यथार्थ है। मुझे भारतीय 'काल' की अवधारणा याद आती है। पर उस चीनी द्वारा बुद्ध के बारे में पूछे गए सवाल भी मस्तिष्क में कौंधते हैं। 5000 वर्षों से भी अधिक पुराने बुद्ध में दुनिया की दिलचस्पी है, पर माओ या हो ची मिन्ह या लेनिन अपने ही देशों में भुलाए जा रहे हैं? 20वीं सदी के इतिहास के महान नायक थे, ये तीनों। इनके बिना 20वीं सदी का इतिहास नहीं बनता।

11वीं मंजिल की खिड़की से देर रात सोल देखते हुए खुद से पूछता हूँ। बुद्ध 5000 वर्षों पहले हुए। तब तो और पिछड़ापन था—न आवागमन, न संचार, न संवाद, भाषा व संस्कृति की दूरी, भौगोलिक अलगाव। तब बुद्ध कैसे दुनिया के प्रिय हो गए! क्या उन्होंने जीवन के शाश्वत सवालों के उत्तर ढूँढ़े, यह कारण है? राजनीति के महानायकों ने जीवन के एक पहलू राजनीति और व्यवस्था के उत्तर ढूँढ़ने की कोशिश की। यह सम्पूर्ण जीवन से मुक्ति का शाश्वत सवाल-प्रसंग नहीं है, इसलिए राजनीति के महानायक 'सदियों' में ही भुलाए जाने लगे और जीवन के शाश्वत सवाल उठानेवाले 'सहस्राब्दियों' में भी रुचि-प्रेरणा के केन्द्र हैं। गांधी भी सम्पूर्ण जीवन के उत्तर ढूँढ़ने में लगे थे। इसीलिए वह याद रहेंगे? बुद्ध का दर्शन, बुद्ध का संघ, राजकीय बल, सेना, प्रशासन, फौज के कारण नहीं थे। इन राजनीतिक नायकों का नायकत्व, शायद फौज, सत्ता बल के कारण भी था? अनेक अनसुलझे सवाल उठते हैं, पर कोई उत्तर नहीं मिलता।

अगले दिन वियतनाम के पत्रकारों के साथ हम 'लंच टेबल' पर थे। वही जिज्ञासा कि हो ची मिन्ह याद हैं युवा पीढ़ी को? वैसा ही उत्तर कि युवा वियतनामी समृद्धि की आकांक्षा में डूबे हैं। तात्कालिक सफलता, मौज-मस्ती और सम्पन्नता, यही मुख्यधारा है। पर स्तब्ध करनेवाली मुलाकात थी, रूसी टीम से। वर्ल्ड एडिटर्स फोरम और वैन की अगली बैठक मास्को में होगी। 2006 में। उस रूस में जहाँ 1917 की क्रान्ति हुई, टॉल्स्टॉय, चेखव...सोल्जेनेत्सिन के मुल्क में लेनिन-स्टालिन के देश में। रूस की युवा पीढ़ी चीन-वियतनाम के मुकाबले तेजी से 'बाजार की संस्कृति' में डूब रही है। 1917, लेनिन वगैरह अतीत की स्मृतियों में कैद हो रहे हैं। युवा पीढ़ी, मोबाइल युग की पीढ़ी, टी.वी. युग की पीढ़ी, संचार क्रान्ति की पीढ़ी

ग्लोबल विलेज की पीढ़ी है। वही मूल्य–संस्कार हैं।

रूस में लेनिन, चीन में माओ, वियतनाम में हो ची मिन्ह नई पीढ़ी के नायक और प्रेरणास्रोत नहीं रहे, यह सुनकर आहत हूँ। नहीं जानता, वह पीढ़ी सही थी या यह नई पीढ़ी सही है? ये यक्षप्रश्न हैं। ये जीवन के गूढ़ सवाल हैं। न युधिष्ठिर हूँ कि कोई यक्ष उत्तर देगा, न नचिकेता हूँ कि यम बताएँगे!

(12 जून, 2005)

पुश्किन, चेखव और टॉल्स्टॉय के देश में

वर्ल्ड एसोसिएशन ऑफ न्यूजपेपर्स (वैन) और वर्ल्ड एडिटर्स फोरम की बैठक में भाग लेने हम मास्को पहुँचे हैं।

वर्ष 1994 में अमेरिका जाना हुआ। एक पूर्वग्रह के साथ। हमारी पीढ़ी समाजवादी, साम्यवादी, नक्सली विद्रोह, हिप्पी उभार, चेग्वेरा की चमक, वियतनाम युद्ध और विचारधाराओं की राजनीति की छाँव में पली-बढ़ी, विकसित हुई। उस युग की स्वाभाविक विरासत थी। अमेरिका विरोधी मानस पनपना। स्वत:। यह मानस लेकर अमेरिका घूमना हुआ। इस यात्रा से 'अमेरिकी वर्चस्व' का राज समझने में मदद मिली। अपने देश के प्रति अद्‌भुत समर्पण, सार्वजनिक जीवन में अनुशासन, संस्थाओं (सेंटर ऑफ एक्सलेंस) को सर्वश्रेष्ठ बनाने में समझौताविहीन मर्यादाएँ-नीतियाँ जैसे संकल्प अमेरिकी ताकत के मूल में हैं।

यूरोप घूमना, आधुनिक इतिहास की जड़ों से दरस-परस था। आधुनिकता के आरम्भ, विकास की सीढ़ियाँ और फिर यूरोप के पतन, आपसी संघर्ष की झलक दिलानेवाली यात्रा। यूरोपीय वर्चस्व की शताब्दी के अवशेषों-प्रतीकों से दरस-परस। जहाँ से पहली बार समुद्र को नौसेना, जहाजी बेड़ों और दिशाबोधक यंत्रों से बाँधने में मनुष्य कामयाब हुआ। पर इसके साथ ही साम्राज्यवादी रुख, गुलाम बनाने की स्पर्द्धा, विस्तारवादी अहं भी यूरोप में जन्मे। रंगभेद का विष भी यूरोप के बौद्धिक पुनर्जागरण और औद्योगिक क्रान्ति के मन्थन क्रम में ही मानव सभ्यता के हाथ लगे। दो-दो विश्वयुद्ध का उद्‌गम स्रोत रहा है यूरोप। आज औद्योगिक क्रान्ति की सीढ़ियाँ सूचना क्रान्ति, ग्लोबल विलेज और पोस्ट इंडस्ट्रियल रिवोल्यूशन तक पहुँचते-पहुँचते, यूरोप के हाथ से खिसककर अमेरिकी प्रभाव में है।

चीन देखना, सिंगापुर-हांगकांग जाना, उभरते 'एशियन शताब्दी' की चर्चा के दौरान सम्पन्न हुआ। सिंगापुर में एक व्यक्ति ली युआन क्यू के न भूलनेवाले सामर्थ्य-रचना शक्ति से साबका हुआ। मनुष्य चमत्कार कर सकता है। यह देखा, चीन देखते हुए नेपोलियन (या चर्चिल) की मशहूर टिप्पणी याद आई, इन्हें अफीम के नशे में सोए रहने दो, जगेंगे तो पूरी दुनिया में छा जाएँगे। जागते चीन को देखना,

पूरी दुनिया में छाते जाने और बढ़ते वर्चस्व का गवाह होना है। कोरिया (दक्षिण) को देखना, मनुष्य के संकल्प-सामर्थ्य और उर्वरा क्षमता से रू-ब-रू होना था। कोरिया-चीन में बौद्ध धर्म की गूँज सुनना, भारत के अतीत के मधुर संगीत सुनने जैसा था। बर्मा की धरती पर बौद्ध गोनपाओं को देखते-देखते, मांडले जेल, सुभाष बाबू की सजा, लोकमान्य तिलक का कठोर मांडले कारावास और 'गीता रहस्य' रचना की स्मृति छाई रही। बहादुरशाह जफर के मजार पर तत्कालीन भारत के पराभव और असमर्थता के स्वर भी सुनाई दिए।

पाकिस्तान की यात्रा, भारत के धवल-कीर्तिमान अतीत से लेकर मौजूदा आन्तरिक कमजोरी की झलक पाने का अवसर था। चाणक्य, चन्द्रगुप्त, अशोक, तक्षशिला से लेकर अकबर तक का दौर, फिर द्वेष, ईर्ष्या और हिंसा के बीज-खाद से स्पर्द्धा। शत्रुता की खेती।

इन यात्रा अनुभवों के साथ 'एयरोफ्लोट' रूसी विमान से रूस की यात्रा शुरू हुई। देर रात, विमान के उड़ान भरने के साथ ही विमान में लगे टी.वी. पर यात्रा रूट (मार्ग) दिखाया जाता है। दिल्ली से लाहौर होते हुए काबुल, ताशकन्द, तुला होते हुए मास्को। साढ़े छह घंटे की हवाई यात्रा। पाकिस्तान, अफगानिस्तान, तुर्कमेनिस्तान, उज्बेकिस्तान होते हुए मास्को की यात्रा। अफगानिस्तान-पाकिस्तान भारत के इतिहास का सबसे प्रमुख राजमार्ग रहा है। बाबर से लेकर अतीत में सिकन्दर तक के अभियान का गवाह इलाका। लाहौर से काबुल के बीच घनघोर बादल हैं। 42000 फीट पर उड़ता 'एयरोफ्लोट' भी अस्थिर है। बामियान (अफगानिस्तान) में बुद्ध की नष्ट मूर्तियों से लेकर लादेन का स्मरण काबुल-अफगानिस्तान से गुजरते हुए होता है। शान्ति से ध्वंस की ओर अग्रसर मानव यात्रा। अफगानिस्तान पार होते-होते सुबह हो जाती है। दुर्गम पहाड़ियों के जाल दिखाई देते हैं। भारत पहुँचे लगभग सभी विदेशी आक्रमणकारियों ने इन कठिन यात्रा मार्गों का उल्लेख किया है।

यात्राएँ जीवन-संसार और सृष्टि की झलक दिखाती हैं। नए उत्साह-ऊर्जा का संचार करती हैं। पर पिछले कुछेक वर्षों से यात्राएँ बोझ लगने लगी हैं। शायद नौकरी के तनाव, नौकरी की जरूरत और काम के बोझ को ढोते हुए होनेवाली यात्राओं ने यात्रा के मूल मर्म (कुछ नया देखना-जानना) और आनन्द को खत्म कर दिया है। इसलिए यात्राएँ अरुचिकर हो रही हैं या बढ़ती उम्र के कारण बोझ लग रही हैं, नहीं जानता। पर रूस-मास्को की यात्रा की सम्भावना ने रोमांचित किया था। सोवियत रूस को लेकर मन में बैठी न जाने कितनी संचित चीजें उभर आईं। गोर्की, पुश्किन, चेखव, टॉल्स्टॉय, बोरिस पास्तेर्नाक...से सोल्जेनेत्सिन तक। जार से लेनिन तक। यायावर राहुल सांकृत्यायन का 'बोल्गा' से 'गंगा' तक के स्मरण।

प्रखर पत्रकार-चिन्तक राजेन्द्र माथुर की सोवियत रूस के बारे में एक टिप्पणी हमेशा कौंधती रही है, ढलती रात में विमान से बादलों को देखते हुए याद आती है...'लेनिन की बोल्शेविक क्रान्ति। दस दिन, जिन्होंने दुनिया को हिला दिया। दस दिन, जिन्होंने पचास वर्षों तक दुनिया को प्लेग दिया, सन्निपात दिया, पागलखानाा दिया और सारी धरती की जवानी को मोक्ष का पार्थिव पर्याय दिया। तब लगता था कि एक प्रयत्न और किया, एक धक्का और दिया, तो यह पृथ्वी हर्षातिरेक की सामूहिक समाधि तक पहुँच जाएगी। लेकिन वह नहीं पहुँची। स्वर्ग के द्वार पर दस्तक देकर बीसवीं शताब्दी लौट आई। तब कौन जानता था कि ये पट कभी नहीं खुलते। इनसानियत की नियति है कि वह बार-बार इन तटों पर दस्तक दे। हर सदी में अपने-अपने ढंग से दस्तक दे। नियति है कि द्वार तक पहुँचकर हम छले जाएँ। यही प्रगति है। मंजिल सदा-सदा से छल ही रही है। केवल प्रयत्न यथार्थ है और हमारे सपनों का कैलकुलस यथार्थ है।'

तातारों, ओटोमन साम्राज्य, मुगल हमलावरों, जर्मन आक्रमणकारियों, नेपोलियन से लेकर हिटलर तक के हमलों को झेलते-झेलते 20वीं शताब्दी में दुनिया की दूसरी महाशक्ति के रूप में उभरनेवाली धरती है रूस। अत्यन्त केन्द्रीकृत अर्थव्यवस्था (कमांड इकोनॉमी), सर्वहारा की तानाशाही, एक अत्यन्त ताकतवर टेक्नोलॉजिकल, इंडस्ट्रियल, साइंटिफिक और मिलिट्री इकोनॉमी वाले राजसत्ता का उदय। जहाँ विरोध, व्यक्ति स्वातंत्र्य, निजी स्वामित्व और वे सारी चीजें जिन्हें प्रगतिशीलों ने मानव विरोधी, प्रगति विरोधी करार दिया, खत्म कर दी गईं। क्रूरता से कुचल दी गईं। और इस नए प्रयोग को नई सभ्यता-संस्कृति का उदय कहा गया। इस नई दुनिया के आगमन-आहट की खुशी में दुनिया के कोने-कोने में उल्लास-हर्ष के स्वर सुनाई पड़े।

पर महज सात दशकों में ही दो ध्रुवीय दुनिया, एक ध्रुवीय बन गई। सपनों की वह नई दुनिया बिखर गई। सात दशकों तक सोवियत रूस को चलानेवाले सात शासक हुए। एक का शासन (या आधिपत्य) तीस वर्षों से अधिक रहा। दो ऐसे हुए, जिनका कार्यकाल एक वर्ष के आसपास रहा। पोलित ब्यूरो और कम्युनिस्ट पार्टी की केन्द्रीय समिति यानी लगभग 114 लोगों के हाथ में दुनिया की दूसरी 'महाशक्ति' की सत्ता सिमटी थी। पर सत्ता की कुंजी पार्टी महासचिव के हाथ में थी। यानी व्यवहार में एक व्यक्ति की तानाशाही। इन सातों सुप्रीम सोवियत नेताओं में से कभी भी किसी को जनता ने नहीं चुना। नम्बर एक कुर्सी के लिए परदे के पीछे हर षड्यंत्र-तिकड़म होता रहा। पर 'प्रोफेशनल रिवोल्यूशनरी' नम्बर एक का चयन करते रहे, जहाँ 'सर्वहारा की तानाशाही' साकार करते-करते 'ब्यूरोक्रेटाइजेशन' का जन्म हुआ। मजदूर, किसान, सर्वहारा की बात करते-करते जहाँ शासकों के एक नए

वर्ग का उदय हो गया। सर्वशक्तिमान, निरंकुश और अनएकाउंटेबल। और वह महाशक्ति ग्रेट सोवियत रूस देखते-देखते 15 से अधिक टुकड़ों में बँट-बिखर गया। एक-दूसरे के खिलाफ युद्ध के गर्जन सुनाई देने लगे।

इस 20वीं सदी की एक प्रमुख सूत्रधार रही, धरती पर पाँव रखना रोमांचकारी लग रहा था। मन में, भावों में, अतीत में, स्मृति में, पर यथार्थ से रू-ब-रू होने में कुछेक घंटे शेष थे। मुझे याद आया गांधीवादी रवीन्द्र केलेकर का एक कथन—*वी आर ऑल ऑन एन एसाइनमेंट* यानी हम सभी किसी कार्य-योजना के तहत इस धरती पर हैं। पृथ्वी पर हमारा जीवन एक तरह का 'बिजनेस ट्रिप' है।

इस बिजनेस ट्रिप का ही एक पड़ाव है रूस की यात्रा।

(18 जून, 2006)

उपभोग में सुख की तलाश

मास्को एयरपोर्ट के दृश्य–माहौल और कार्य–संस्कृति देखकर भारत के पुराने जागीरदार, जमींदार, राजा याद आए। बड़ी–बड़ी हवेलियाँ, जहाँ कार्य–संस्कृति में एक उदासी, निर्विकार भाव, भावहीन तटस्थता और क्षय पग–पग पर बोध हो। शायद इस बोध के मूल में पूर्व यात्रा अनुभव हैं। शंघाई, हांगकांग, सिंगापुर, फ्रैंकफर्ट, हीथ्रो, गैटविक, न्यूयॉर्क, वाशिंगटन, अटलांटा, सैनफ्रांसिस्को, एम्सटर्डम, सोल वगैरह एयरपोर्टों पर जीवन्तता है। आधुनिकता, गतिशीलता और आबोहवा में युवापन है। भौतिक सभ्यता की ऊर्जा, चमक और क्षमता इन जगहों पर स्पष्ट है। एक हवाई जहाज उतरता है, दूसरा रवाना होता है। मिनट–मिनट में आना–जाना। वैसा ही तकनीकी ताना–बाना और दक्ष कार्यक्षमता। इमीग्रेशन, कस्टम कहीं भी विलम्ब नहीं। कड़ी इलेक्ट्रॉनिक सुरक्षा, पर एहसास नहीं।

मास्को इमीग्रेशन में लम्बी–लम्बी कतारें हैं। मशीनी चेहरे कार्यरत हैं। 21वीं सदी में 'कस्टमर इज किंग' का मानस है। यात्रियों को आज मामूली असुविधा न होने देने की होड़ है, वहाँ यह गतिहीन कार्य–संस्कृति! 'एयरोफ्लोट' (रूसी एयरलाइंस) विमान के एयरहोस्टेस-कर्मचारियों की सेवाभाव–व्यवहार भी सरकारी कर्मचारियों जैसा था। निरपेक्ष–भावहीन, सपाट चेहरे, संवाद से परहेज। तब लगा कि रूसी एयरलाइंस अभी पुरानी सरकारी कार्य-संस्कृति से मुक्त नहीं हो पाया है, पर यही हाल एयरपोर्ट पर भी था। रूसी कस्टम के लोगों का मिजाज–रवैया भी वही पुराना। 'हर यात्री एहसास करे कि अथॉरिटी हमारे पास है' का भावबोध और व्यवहार।

सड़कें चौड़ी हैं। मास्को शहर साफ–सुन्दर है। जगह–जगह आधुनिक ढंग से विज्ञापन लगे हैं। आकर्षक रूप में। सबसे अधिक विज्ञापन दीखते हैं—कोका कोला, मैकडोनाल्ड, पेप्सी, जींस वगैरह के। पाश्चात्य उपभोग की हर प्रमुख चीजों के विज्ञापनों की भरमार है। रूसी भाषा और अंग्रेजी में। इन विज्ञापनों को देखकर दार्शनिक कृष्णनाथ याद आते हैं। 1987 के आसपास उनसे एक लम्बी बातचीत की थी। विचार, मूल्य, बदलाव, दर्शन, समाज वगैरह को लेकर। वह बौद्ध अध्येता हो चुके थे। जे कृष्णमूर्ति, अच्युत पटवर्द्धन और दलाईलामा के साहचर्य में रहे। पहले

समाजवादी थे। पेशे से अर्थशास्त्री, जे.पी.-लोहिया-आचार्य नरेन्द्रदेव के करीबी। भावी दुनिया के बारे में तब उन्होंने कहा था कि पाश्चात्य संस्कृति और आधुनिकता की बाढ़ का दौर है यह। अमेरिकी संस्कृति के वर्चस्व का समय। इस पश्चिमी-अमेरिकी संस्कृति के आकर्षण के स्रोत उन्होंने गिनाए। यह संस्कृति युवा है। युवाओं को मूल मानती है इसीलिए बूढ़े-बच्चे और परिवार इसके केन्द्र में नहीं हैं। यह मुक्ति, उन्मुक्त सेक्स में दीखता है। इसकी ऊर्जा का केन्द्र वर्जनाहीन जीवन है। बीट्ल्स और हिप्पी दर्शन के मूल में यही था। यह गतिमान है। गति में ही इस संस्कृति को जीवन सुख मिलता है। इसलिए नई-नई तेज गाड़ियाँ रोज बाजार में छा रही हैं। तरह-तरह के मोटरसाइकिल पर तेज रफ्तार में दौड़ती युवा पीढ़ी इस जीवनशैली में सुख पाती है। महँगे जींस-गॉगल्स युवाओं को खींचते हैं। गति, नृत्य, नशा और भोग में यह पीढ़ी सुख तलाशती है और इस पाश्चात्य युवा संस्कृति (या आधुनिक अमेरिकी संस्कृति) का प्रतीक पेय है कोका कोला और भोजन मैकडोनाल्ड के पदार्थ और भाषा अंग्रेजी।

कृष्णनाथ जी की ये बातें भूल नहीं पाता। अपने गाँव में देखता हूँ, तो युवाओं की यही गति दिखती है। चीन में भी यही देखा। रूस में भी इसका दर्शन हो रहा है। यानी पूरी दुनिया में युवा पीढ़ी कमोबेश इसी अमेरिकी संस्कृति की गिरफ्त में है। मन से, विचार से और कर्म से। यानी आज अमेरिकी जीवन पद्धति ग्लोबल हो गई है। भाषा, वेश-भूषा और मूल्यों में अमेरिकी संस्कृति घर-घर पसर रही है। रूस को एक दशक से करीब से देखनेवाले एक विदेशी पत्रकार टिप्पणी करते हैं—आज रूस में 'मोस्ट नेकेड कंज्यूमरिज्म' (उपभोक्तावाद का नग्न रूप) दिखता है। नई पीढ़ी इसमें सुख मानती है। वह बताते हैं कि 80 बिलियन डॉलर की उपभोग की चीजें आज रूस आयात कर रहा है। मूलत: पश्चिम के बाजार से। भारत से अब कोई आयात नहीं रहा। रूस के पास भारी मात्रा में तेल है। गैस है। उद्योग है। लगभग 33 फीसदी जी.डी.पी. का हिस्सा उद्योग से आता है। उद्योग में ऑटोमोबाइल, एयरक्राफ्ट, हथियार वगैरह हैं। पेट्रोल-डीजल सस्ते हैं क्योंकि बड़ा भंडार है। इससे विदेशी मुद्रा की कमाई होती है। यह कमाई उपभोग पर खर्च होता है। और 'उपभोग' में 'सुख' और 'आनन्द' ढूँढ़ रहा है नया रूस।

आहत महसूस करता हूँ। जिस रूस की क्रान्ति को लोगों ने फ्रांस की क्रान्ति के अगले पड़ाव के रूप में देखा। मनुष्य के कायाकल्प, मानव-सभ्यता के मुक्त विकास और मानवीय रिश्तों, जीवन के गहरे अर्थों की खोज के रूप में 'रूसी क्रान्ति' की व्याख्या हुई। क्रान्ति के पूर्व उसकी पृष्ठभूमि तैयार करनेवालों में प्रमुख कवि सर्जी एसेनिन ने लिखा—'एक नया किसान उठकर घूम रहा है। खेतों में नए बीज बो रहा है, क्यारियों में बादलों को पार करते हुए हमारी ओर आ रहा है। एक प्रकाश अतिथि।'

पर जिन महान कवियों ने क्रान्ति के गीत गाए, उन्हें आत्महत्या करनी पड़ी। सर्जी एसेनिन ने 1925 में आत्महत्या की। फिर महान रूसी कवयित्री अन्ना

अख्यातोबाने ने। इसके बाद क्रान्ति का कवि-गायक मायकोवस्की ने भी आत्महत्या कर ली। रूस के कवि, लेखक, चिन्तक लगातार आत्महत्या करते गए, पर नई संस्कृति की रोशनी देखनेवालों ने फतवा दिया कि वे पलायनवादी थे। कोई ठहरकर यह मूल्यांकन नहीं कर सका कि कहाँ भूल हो रही है। रूस के बिखराव पर किशन पटनायक ने कहा था, 'कम्यूनिज्म कोई संस्कृति नहीं दे पाया। उसने संगठन दिए। नारे दिए। आन्दोलन दिए। सत्ता परिवर्तन दिए, लेकिन सचमुच देने के लिए उसके पास कोई संस्कृति नहीं थी। बिना संस्कृति के इतिहास में कोई दौर कब तक चला पाया! इतने दिन चल गया, यही चमत्कार है।'

दरअसल 21वीं शताब्दी का आरम्भ लगता है उपभोक्तावाद की संस्कृति का है। इस संस्कृति की जड़ें पाश्चात्य दुनिया में हैं। अमेरिकी हैं। रूसी उपभोक्तावाद (साम्यवाद), चीनी उपभोक्तावाद (साम्यवाद), अमेरिकी उपभोक्तावाद (मार्केट इकोनॉमी) और भारतीय उपभोक्तावाद (लोकतंत्र) में फर्क नहीं कर पाता।

मुझे अपने पहले सम्पादक (गुरु, प्रेरणा जो कहें-माने) डॉ. धर्मवीर भारती (धर्मयुग) की याद आती है। वर्षों पहले उन्होंने लिखा था—'उपभोक्तावाद के इस दुश्चक्र से छुटकारा कैसे मिलेगा? नवाँ दशक तो बीत चला। क्या बीसवीं शताब्दी के अन्तिम दशक में कोई रास्ता निकलेगा? क्या 21वीं शताब्दी 20वीं शताब्दी के मायाजालों से मुक्त होकर कोई नई संस्कृति खोज सकेगी, जहाँ मनुष्य की गरिमा हो! उसके प्रकृति से मशीनों से, और साथी मनुष्य से सार्थक सम्बन्ध पनप सकें? संस्कृतियों का बीजारोपण किया था उपनिषदों के ऋषियों ने, कृष्ण की अनासक्ति ने, राम की मर्यादा-चेतना ने, सूफी-फकीरों के तसव्वुफ और प्रेम पन्थ ने, गौतम की करुणा और मैत्री ने, जीसस की क्षमा और त्याग ने, शंकर के अद्वैत ने, चैतन्य के प्रेम-महाभाव ने। संस्कृति निर्माता तो ऐसे लोग होते हैं...' 20वीं शताब्दी में उपभोक्तावाद के खतरों के खिलाफ सबसे सशक्त आवाज उठाई थी महात्मा गांधी ने। तब हम उन्हें इतनी गहराई से समझ नहीं पाए थे। आवाजें पश्चिम में भी उठी थीं। रस्किन ने लिखा था—*अन टु दिस लास्ट* और टॉल्स्टॉय ने अपना ली थी गाँवों में अपने हाथ से कपड़ा बुनकर, अपने औजारों से कुर्सी बनाकर रहनेवाली जीवन पद्धति!'

टॉल्स्टॉय के देश में धरती छूकर रोमांचित हूँ, तो उपभोक्तावाद की फतह से किंचित् हतप्रभ-हैरान भी! क्या 21वीं सदी की आरम्भिक लड़ाई वादों-विचारों को परास्त कर उपभोक्तावाद ने जीत ली है? रूस की सुन्दर, चौड़ी सड़कों पर तेज भागती कार में यही द्वन्द्व दिमाग में है।

(19 जून, 2006)

नाइट क्लब, बैले और वोदका में डूबते लोग

मास्को, रहन-सहन और जीवन-दर्शन में पश्चिम से कम्पीट (मुकाबला) करता दिख रहा है। एशियाई चोला उतार रहा है। रूस के शासकों का बार-बार बयान पढ़ता हूँ कि वे 'यूरोप' के साथ पूरी तरह 'आइडेंटीफाई' (पहचान) होना चाहते हैं। इस मानस के पीछे एशिया को पिछड़ा मानना है। पश्चिम के अतीत-इतिहास और सभ्यता को उच्च और बेहतर मानना भी यूरोप से आइडेंटीफिकेशन की जड़ में है। शायद यही 'संस्कृतनाइजेशन' (संस्कृतीकरण) है। हालाँकि एक कारण रूसी युवाओं का 'मार्केट इकोनॉमी' और उपभोक्तावाद की चमक-दमक से जुड़ना भी है। कोका कोला, नाइक, नेस्ले, बेंटन, मोटरोला वगैरह के बड़े-बड़े इश्तेहार बदले रूस का चेहरा दिखाते हैं।

वर्ल्ड एसोसिएशन ऑफ न्यूजपेपर्स (वैन) के आयोजन के अवसर पर तैयार 'मास्को गाइड' में उल्लेख है कि आपका मूड (मन) कैसा है, यह शहर आपका स्वागत उसी भाव से करता है। नाइट क्लब, वैले डांसर, पार्टी विद यंग एंड ब्यूटीफुल (युवा और सुन्दर चेहरों के साथ नृत्य), या बीयर या ड्रिंक या लजीज भोजन, आपको क्या भाता है? दुनिया के सर्वश्रेष्ठ रेस्टोरेंट और भोजन के इस इलाके को खूब विज्ञापित करते हैं। आपने पहले से अग्रिम बुकिंग नहीं की है, तो इन रेस्टोरेंटों में प्रवेश मुश्किल है।

पर पहले इस सुन्दर शहर मास्को को और देख लें। जनसंख्या तकरीबन 1 करोड़ 10 लाख, पर मास्को शहर को ऊपर से देखें, तो लगता है, जंगल के बीच यह बसा है। खूब पेड़ हैं। मस्क्वा नदी है। पूरे शहर में बीच-बीच में मैदान हैं, जो पेड़ों से भरे हैं और वन जैसे दीखते लगते हैं। पेड़ों-वनों से आच्छादित शहर। लगभग 860 वर्ष पुराना। 1147 में यूरी डोलगोरयूकी ने मास्को को ढूँढ़ा। पहला क्रेमलिन बनाया। क्रेमलिन का अर्थ है, किला। इस किले से ही रूसी राजसत्ता चलती है। 1237 में चंगेज खाँ के पोते बाटू ने मास्को पर धावा बोला। 1328 में मास्को पूरे रूस की राजधानी बना। 1380 में पहली बार युवा रूसी सम्राट दिमिनत्रिव ने मुगलों को बुरी तरह परास्त किया। फिर 1382 में मुगलों ने मास्को को जलाया। 1460 में

मास्को का पुनर्निर्माण हुआ और मास्को को 'तीसरा रोम' पुकारा गया। रूसी लोगों ने मुगलों को परास्त किया। पर रूसी इस दौर को सबसे अधिक इसलिए याद करते हैं कि पहली बार क्रेमलिन के भिक्षुओं (मांक) ने 1503 में 'वोदका' (शराब) ढूँढ़ी। रूसी वोदका के दीवाने हैं।

और आधुनिक रूसी जीवनशैली के दो महत्त्वपूर्ण शब्द हैं—अल्कोहल (शराब) और 'मॉडरेशन' (संयम के साथ)। यानी मदिरा, पर नियंत्रित रूप में। मुझे भारत के एक शराब प्रेमी मित्र का स्मरण आता है। बहुत बाद में इस मित्र को एहसास हुआ कि पहले इनसान शराब पीता है, फिर शराब इनसान को पीती है। बहरहाल, रूसी लोगों की प्रिय चीज बीयर या वाइन नहीं, वोदका है। विश्व में शराबखारी सबसे अधिक रूस में ही है। हालाँकि प्रति व्यक्ति शराब की खपत फ्रांस और फिनलैंड में अधिक है। सोवियत रूस यानी साम्यवाद के दौर में सरकार 'शराब विरोधी' अभियान चलाती थी। अब यह अभियान खत्म कर दिया गया है। शराब और खराब क्वालिटी की शराब, बाजार में उपलब्ध है। शराबखोरी से रूस की सेहत पर खराब असर पड़ा है। 1991 के बाद एक रूसी की औसत आयु 10 वर्ष घट गई है। शराबखोरी इसके पीछे मुख्य वजह है। रूस के इस शराब उद्योग में अमेरिका की 'वेंचर कैपिटल' लगी हुई है। यह पूँजी, युवा रूसियों में बीयर और शराब पीने की खपत बढ़ाने के लिए खूब प्रचार-प्रसार करती है। इस शराबखोरी से रूस का सामाजिक ताना-बाना तनावग्रस्त हुआ है। हजारों लोग हर साल शराब पीकर मरते हैं। सड़क दुर्घटनाओं की संख्या में शराब के कारण अप्रत्याशित वृद्धि हुई है। समाजशास्त्री कहते हैं—शराब के कारण अपराध बहुत बढ़े हैं। रूसी कहते हैं—इससे परिवार तबाह हो रहे हैं। कैरियर बर्बाद हो रहा है और लोग अपनी मर्यादा-प्रतिष्ठा खो रहे हैं। वोदका-प्रेमी कहते हैं—'वोदका इज डेमोक्रेटिक' यानी वोदका लोकतांत्रिक है। मुझे भ्रम होता है, वोदका लोकतांत्रिक है या नशा लोकतांत्रिक है? नशे में डूबकर कुछ भी करने की आजादी पूरी दुनिया में है। शायद दुनिया के शराब-प्रेमी शराब को लोकतांत्रिक ही मानेंगे। बीयर की खपत भी बढ़ी है। नई रूसी पीढ़ी का नारा है—'बीयर विदाउट वोदका इज लाइक थ्रोइंग मनी इन टू द विंड' (बिना वोदका के बीयर पीना, हवा में पैसे फेंकना है)। दार्शनिक अन्दाज में कुछ रूसी कहते हैं—शराब पीकर आज की बेचैन पीढ़ी 'रूसी आत्म-पहचान' खोज रही है।

साम्यवादी रूस में लुक-छिपकर शराब पी जाती थी। अब खुलेआम। शराब की खपत बढ़ने के पीछे कारण यह भी माना जाता है कि रूस के दूर-दराज इलाकों में उद्योग-धन्धे बन्द हुए हैं। बेरोजगारी बढ़ी है। भविष्य अन्धकारमय दिखता है। ऐसे सुदूर इलाकों में वोदका की खूब माँग है। लोग नशे में डूबकर सान्त्वना, तात्कालिक मुक्ति और आनन्द ढूँढ़ते हैं।

कहते हैं, ब्रेजनेव के शासनकाल में रूस का बौद्धिक वर्ग नशे में डूबने लगा। इस वर्ग को रूस में ठहराव दिखने लगा था। एक ऐसी व्यवस्था जिसमें भविष्य नहीं, रोशनी नहीं, उम्मीद और आशा नहीं; जहाँ मुक्त होकर बौद्धिक काम करने पर बन्दिश थी। धीरे-धीरे समाज शराब में डूबने लगा। सत्ता सँभालते ही गोर्बाचोव ने शराब पर पाबन्दी लगानी चाही। सख्त कदम उठाए। पर उन्होंने पाया कि रूसी जनता मौजूदा व्यवस्था से हताश, निराश है। कानूनी सख्ती छोड़कर, गोर्बाचोव ने 'ग्लौसनास्त' और 'पेरेस्त्रोइका' अपना ली।

लेनिन रूसी समाज के वोदका प्रेम और इसके खतरे से वाकिफ थे। उन्होंने कहा था—कम्युनिज्म यानी 'सोवियत पावर प्लस इलेक्ट्रीफिकेशन ऑफ द होल कंट्री' (सोवियत सत्ता और पूरे देश का बिजलीकरण यानी साम्यवाद)। बाद में रूसी लोगों ने लेनिन के इस कथन का संशोधन किया—'सोवियत पावर + अल्कोहलाइजेशन = होल कंट्री' यानी सोवियत संघ = रूसी सत्ता + शराबखोरी।

रूस का शराब-प्रेम देखकर मुझे अपना वतन याद आता है। जिन गाँवों में कभी शराब नहीं जा सकती थी, वहाँ विकास-प्रगति की नहर ने गाँव-गाँव, घर-घर शराब पहुँचा दिया है। शराब आधुनिक होने, सम्पन्न होने, सभ्य होने का पैमाना बन गई है। हरिवंशराय बच्चन की 'मधुशाला' में शराब के गुणगान पर गांधीवाद को नैतिक आपत्ति थी। आज गांधी का देश लोकतांत्रिक होकर भी शराब-प्रेम में डूब रहा है। उधर लेनिन के सपने को तो स्टालिन ने ही ध्वस्त कर दिया था।

मुझे रूस के अतीत का स्मरण होता है। अबूझ पहेली बन चुके स्टालिन की मौत के दृश्य! लेनिन शराब के खिलाफ अभियान के पक्षधर थे, उनके उत्तराधिकारी बने स्टालिन। करोड़ों बेगुनाह रूसियों की हत्या-पीड़ा, साइबेरिया में निर्वासन के लिए रूसी उन्हें जिम्मेदार मानते हैं।

28 फरवरी, 1953 की रात। सुबह 4.00 बजे खाना-पीना खत्म कर स्टालिन के डाचा (घर) से, स्टालिन के विश्वस्त सहयोगी घर लौटे। ख्रुश्चेव लिखते हैं कि उस रात 'स्टालिन ने जमकर पी'। पीने के बाद वह कॉमरेड मोलोटोव और कॉमरेड बेरिया से नाखुश दिखे। फिर अचानक पोलित ब्यूरो से नाराज। शराब में डूबते स्टालिन ने कहा—न खनन उद्योग, न लकड़ी उद्योग, न यातायात, न बिजली उत्पादन...कोई भी क्षेत्र लक्ष्य पूरा नहीं कर पा रहा। 'दस्तावेज' बताते हैं कि स्टालिन के नाराज होते ही खाने के बड़े टेबल पर सर्द सन्नाटा छा गया। वहाँ उपस्थित रूस के ताकतवर लोग जानते थे कि स्टालिन महज धमकी नहीं देते। बीच-बीच में शराब का दौर चलता रहा। कॉमरेड बेरिया, कॉमरेड मालनकोव, कॉमरेड बुलगानिन स्टालिन को भरोसा दिलाते रहे। याचना करते रहे कि हम हर लक्ष्य-सपना पूरा करेंगे।

अगले दिन 1 मार्च को रात 11 बजे स्टालिन के सुरक्षा गार्ड और हाउसकीपर मार्टियोना पेट्रोवना स्टालिन के कमरे में घुस गए। स्टालिन के ये विश्वस्त सहयोगी बेचैन थे। वह इतना नहीं सोते थे। स्टालिन अचेत-बेहोश फ्लोर पर पड़े थे। बहुत परिश्रम से बेरिया को ढूँढ़ा जा सका। बेरिया पहुँचे और स्टालिन के सुरक्षा गार्ड और हाउसकीपर पर बिफर पड़े। देखते नहीं हो! कॉमरेड स्टालिन गहरी नींद में सो रहे हैं। आप सब इस कमरे से बाहर जाइए और उनकी नींद में खलल मत डालिए।

2 मार्च की सुबह पुनः कॉमरेड बेरिया चिकित्सकों के साथ पहुँचे। तब तक स्टालिन क्रिटिकल हालत में थे। बेहोश थे, उनकी हालत बिगड़ती ही गई। 5 मार्च दोपहर को वह चल बसे। जिस नई व्यवस्था, नए मानव, नई संस्कृति के लिए लेनिन की अगुवाई में साम्यवाद की क्रान्ति हुई, उसके सबसे सशक्त उत्तराधिकारी की मौत की पृष्ठभूमि में भी शराब की भूमिका रही। एक तरफ देश को वह साम्यवादी व्यवस्था, शराब पीने से बरज रही थी, दूसरी तरफ देश के आला लोग 'शराब' में डूबकर ही मुल्क के भविष्य सजाने-सँवारने की बात करते रहे। गांधी के 'साधन' और 'साध्य' की याद आती है। लोहिया का कथनी-करनी में एका का सवाल याद आता है। अब लोकतांत्रिक भारत की नई पीढ़ी भी शराब में सुख ढूँढ़ती है। भारत में भी शराब की खपत बढ़ी है। चीन भी इसी रास्ते पर है। यूरोप तो स्रोत ही है। अमेरिका की जीवन पद्धति का यह हिस्सा ही है। मुझे पुनः कृष्णनाथ जी याद आते हैं। पश्चिमी संस्कृति-उपभोक्तावाद का एक सशक्त प्रतीक है—नशे में सुख तलाशना! हेरोइन का सेवन भी इसी सुख का हिस्सा है। कभी बुद्ध ने ध्यान में सुख दिखाया था। मुक्ति की राह बताई थी, तब भी बुद्ध का सन्देश एशिया-रूस तक फैला। आज भी रूस में बौद्ध हैं। पर आज की दुनिया नशे में मुक्ति खोज रही है।

(21 जून, 2006)

दक्षिण अफ्रीका

एक देश में समूची दुनिया

साउथ अफ्रीकन एयरवेज का जहाज मुम्बई से जोहांसबर्ग आठ घंटे उड़कर (फ्लाइंग टाइम) पहुँचता है। समय का चक्र भी भिन्न है। भारत के समय से लगभग साढ़े तीन घंटे पीछे। भारत में दिन के एक बजे होंगे, तो जोहांसबर्ग की धरती पर सुबह के साढ़े नौ। दूरी लगभग साढ़े चार हजार मील (लगभग सात हजार किलोमीटर)। रात 2 बजे मुम्बई से उड़ा विमान भारतीय समय के अनुसार लगभग 1 बजे दिन में यहाँ (जोहांसबर्ग) पहुँचता है। कड़ाके की ठंड है। 13 घंटे पहले दिल्ली में तापमान 42 डिग्री था। शाम 7 बजे। मुम्बई में रात 9 बजे 36 डिग्री। ठीक 11 घंटे बाद जोहांसबर्ग में कड़ाके की ठंड। तापमान 6 डिग्री। यानी प्रकृति में ही भिन्नता है। इसी अनेकता में एकता है, यही शायद प्रकृति का रहस्य है। समाज और दुनिया का भी। पर दुनिया के कोने-कोने में प्रकृति का यह विविध रूप, रंग, भाव खतरे में है। पर्यावरण प्रदूषण, ओजोन संकट चौतरफा है।

अब जोहांसबर्ग से केपटाउन की यात्रा करनी है। वर्ल्ड एसोसिएशन ऑफ न्यूजपेपर्स (वैन) और वर्ल्ड एसोसिएशन ऑफ न्यूजपेपर्स एडिटर्स के वार्षिक सम्मेलन वहीं हैं। जोहांसबर्ग हवाई अड्डे पर महज दो घंटे की प्रतीक्षा है। हड्डी कँपा देनेवाली ठंड और यात्रा औपचारिकताओं में ही समय निकल जाता है। 556 मील (900 किलोमीटर) जाना है। दो घंटे की उड़ान और लम्बी यात्रा है। राँची से दिन के 3 बजे निकलकर अगले दिन भारतीय समय के अनुसार 4 बजे (25 घंटे तक) एक दूसरे महाद्वीप के छोर पर पहुँचना होता है। टेक्नोलॉजी ने कितना बदल दिया है जीवन। जहाँ पहुँचने में पहले वर्षों लगते थे, समुद्र की लहरों ने न जाने कितने भारतीय लोगों, जहाजों को ऐसी यात्राओं में निगल लिया, जिस कठिन समुद्री यात्रा का विवरण महात्मा गांधी की आत्मकथा में है, वह यात्रा अब लगभग निरापद और आसान है। दक्षिण अफ्रीका एयरलाइंस (एसएए) का नारा भी है—वर्ल्ड टू द अफ्रीका, अफ्रीका टू द वर्ल्ड (दुनिया के लोगों का अफ्रीका से दरस-परस और अफ्रीकन लोगों का दुनिया दर्शन)।

अफ्रीका महाद्वीप, आदिमानव का बसेरा। दुनिया के जाने-माने वैज्ञानिक और मशहूर मानवशास्त्री (एंथ्रोपोलॉजिस्ट) मानते हैं कि मानव जाति के पुरखे यहीं से निकले। हाल के एक अध्ययन में तो एक वैज्ञानिक का दावा है कि दुनिया के सभी लोगों का उद्‌गम एक ही है। एक ही पति-पत्नी की सन्तान हैं, हम सभी (हर रंग, जाति, धर्म, क्षेत्र के लोग)। आदम या मनु या जो कोई अन्य रहे हो। यह भी कहा जाता है कि वे यहीं रहते थे। दक्षिण अफ्रीका में 33 लाख वर्ष पहले मानव निवास के प्रमाण मिलते हैं। आधुनिक मनुष्य के रहने के एक लाख वर्ष पुराने संकेत। आज भी यहाँ अलग-अलग पृष्ठभूमि के लोग हैं। दक्षिण अफ्रीकन पर्यटन विभाग का नारा है—ए वर्ल्ड इन वन कंट्री (एक देश में समूची दुनिया), व्हाइट, ब्लैक, कलर्ड, एशियन, इंडियन यानी अलग-अलग पृष्ठभूमि के लोग। अफ्रीकन, गोरे, भारतीय, एशियाई, कलर्ड (मिले-जुले रंग के) वगैरह। 11 राजकीय भाषाएँ हैं, पर मूल एक ही है अंग्रेजी। नौ प्रान्त हैं इस मुल्क में। आबादी तकरीबन पौने पाँच करोड़। खासतौर से खनिज सम्पदा में दुनिया के सर्वाधिक सम्पन्न देशों में से एक। सोना, हीरा, मैंगनीज, कोयला, ताँबा वगैरह प्रचुर मात्रा में।

सोना, मैंगनीज, क्रोमियम समेह छह खनिजों का भंडार दुनिया में सबसे अधिक यही है। फिर भी भयावह गरीबी! प्रकृति ने अपार सम्पदा दी, पर देश सम्पन्न नहीं। झारखंड याद आता है। अपार खनिज, पर सबसे अधिक गरीब भी। यह पहेली है अर्थशास्त्रियों के लिए, राजनीतिज्ञों के लिए, शासकों के लिए, विकास काम में जुटे लोगों के लिए। क्यों प्राकृतिक सम्पदा-खनिज से वंचित दक्षिण कोरिया, जापान, सिंगापुर वगैरह दुनिया के विकसित देशों की श्रेणी में हैं, पर दक्षिण अफ्रीका या झारखंड जैसी जगहें खनिज प्रचुरता के बावजूद पिछड़े और गरीब? विकास की प्रक्रिया में प्रकृति निर्णायक है या मनुष्य? विकास के ये दो मॉडल सामने हैं। एक खनिजविहीन पर सम्पन्न देश या राज्य। दूसरा खनिज सम्पन्न, पर गरीब और पिछड़े? ऐसा भी नहीं है कि खनिज सम्पन्न जगहों से खनिज निकाले नहीं जा रहे? बल्कि बड़े पैमाने पर खनिज दोहन हो रहा है। दक्षिण अफ्रीका में डच लोगों ने ही यह शुरू किया। 16वीं शताब्दी में। फिर ब्रिटेन का आधिपत्य। फिर अमेरिकी कम्पनियों का जोर। अब अफ्रीका और लैटिन अमेरिका महाद्वीप के खनिज सम्पन्न देशों में चीन बड़े पैमाने पर निवेश कर रहा है। विशेषज्ञ कहते हैं—इन देशों के खनिज भंडारों पर चीन की नजर है। झारखंड जैसी ही स्थिति। सैकड़ों वर्ष से खनिज उत्खनन हो रहा है। झारखंड बने सात वर्ष होने को हैं। पर झारखंड के खनिज से सम्पन्न कौन हो रहा है? राज्य, राज्य की जनता या कुछेक मुट्ठी भर लोग? झारखंड में खनिजों के कारोबार-आवंटन में ही सारा खेल हो रहा है। नए

दलाल, नए पावर ब्रोकर, राजनीतिज्ञ, अफसर सब इस खेल में डूबे और लगे हैं। ईश्वर और प्रकृति ने सब दिया, पर क्या मनुष्य ने छीन लिया? राजनीति और शासन ने सोख लिया?

झारखंड से लगभग 11000 किलोमीटर दूर केपटाउन में विमान उतारने की घोषणा के साथ ही यह झारखंड विचार क्रम भंग होता है।

(12 जून, 2007)

भारत और दुनिया के लिए प्रकाश स्तम्भ है केपटाउन

प्रकृति की नियामत या नेमत (देन) है केपटाउन शहर। दुनिया के खूबसूरत शहरों में से एक। साफ-सुथरा, चौड़ी-सुन्दर सड़कें। पहाड़ों और समुद्र के आँचल में बसा। शान्त। जहाँ हिन्द महासागर (इंडियन ओसन) और अटलांटिक महासागर मिलते हैं। ब्लैक टैक्सी डाइवर कहता है, 'केपटाउन! मदर ऑफ आल सिटीज' अहंकार रहित। यह फख्र-गौरवबोध अच्छा लगता है।

पर एक भारतीय के लिए, इतिहास के न भुलानेवाले मार्मिक प्रसंगों से भी जुड़ा है केपटाउन। भारत के भविष्य को बदल डालनेवाले सपने इस धरती पर भी देखे गए। केपटाउन की यह धरती उन भारतीय नायकों के सपनों की साक्षी रही है, जिनकी कुर्बानी, पहल और त्याग ने हमें नई पहचान दी। इनसान के रूप में जीना सिखाया। मनुष्य होने का गौरव दिया। यह अलग तथ्य है कि हम अतीत के उन धवल और शानदार अध्यायों को भुला बैठे हैं। हालाँकि इस शहर से जुड़ी प्रेरक स्मृतियों को भुलाने का अपराध दुनिया ने भी किया है।

समुद्र तट पर बसा केपटाउन दुनिया के उन सभी लोगों के लिए प्रकाश स्तम्भ है, जो मनुष्य की असीम क्षमता, पुरुषार्थ, संघर्ष और संकल्प का जीवन्त चेहरा देखना चाहते हैं। डॉ. राममनोहर लोहिया की कल्पना थी विश्वनागरिकता की। आज दुनिया ग्लोबल विलेज में तब्दील हो रही है, संचार क्रान्ति और यात्रा सुगमता ने भूगोल का गणित बदल दिया है। अब अलग-अलग देशों, रंग या समुदाय के लोग दुनिया के प्राय: हर कोने में साथ बैठते-मिलते हैं। कहते हैं, पिछले दो दशकों में दुनिया बहुत बदली है। पर माना जाता है कि इस बदल रही या ग्लोबल बनती यांत्रिक दुनिया में आज कोई रोल मॉडल (इतिहास पुरुष, आदर्श नायक) नहीं है। स्टेट्समैन नहीं है। रामायण के धनुषभंग प्रसंग जैसा हाल है, जहाँ यह चर्चा हुई कि धरती 'वीरविहीन' हो गई है। पर केपटाउन आकर मन गौरव से भर आता है कि जब तक नेल्सन मंडेला (आजकल अस्वस्थ हैं) जैसा एक इनसान धरती पर है, 600 करोड़ लोगों की यह दुनिया, उस एक इनसान के वजूद के कारण श्रीहीन नहीं है।

जो निराशा, पतन, अनास्था, मूल्यहीनता के समुद्र में नई और नैतिक दुनिया चाहते हैं, उनके लिए आज भी केपटाउन एक शहर नहीं, प्रकाश स्तम्भ है। प्रकाश स्तम्भ, जिसका अंग्रेजी नाम लाइट हाउस है। जब दिशासूचक यंत्र नहीं बने थे, तब यही प्रकाश स्तम्भ, समुद्र में भटकते जहाजों को दिशा देने का काम करते थे। जल में भटकते और निराश हो चुके लोगों को धरती का भान कराते थे। जीने की उम्मीद लौटाते थे।

गोखले और गांधी, नेल्सन मंडेला और रंगभेद के खिलाफ संघर्ष की साक्षी इस धरती पर उतरते ही एक विशिष्ट अनुभूति होती है। एक भारतीय के रूप में और एक विश्व नागरिक के रूप में भी। दोनों ही अर्थों में केपटाउन से जुड़ा अतीत प्रेरणास्रोत है। अपने पहले सम्पादक डॉ. धर्मवीर भारती की कालजयी कृति 'अन्धायुग' की पंक्तियाँ इस शहर में आकर याद आती हैं :

...जब कोई भी मनुष्य
अनासक्त होकर चुनौती देता है, इतिहास को,
उस दिन नक्षत्रों की दिशा बदल जाती है
नियति नहीं है पूर्व निर्धारित
उसको हर क्षण मानव-निर्णय बनाता-मिटाता है।

हाँ, यह शहर साक्षी रहा है उन लोगों का, जिन्होंने अनासक्त होकर अपने समय की दुनिया की सबसे ताकतवर सत्ता को चुनौती दी। घोर अन्धकार में। पर बदल डाला चीजों को।

हाँ, यह धरती गवाह रही है उन मानवीय संकल्पों का, जिन्होंने भारत को बदला, दुनिया को बदला। आज दुनिया में लीडरशीप, मोटिवेशन (प्रेरित करने) ट्रेनिंग, वर्कशॉप पर अरबों खर्च हो रहे हैं, पर हम एक इनसान खड़ा नहीं कर पा रहे हैं, जो दुनिया में नई आस्था, नया विश्वास, नए मूल्य, नई रोशनी भर दे। पर केपटाउन की इस धरती ने देखा है कि घोर निराशा, अन्धकार और असम्भव हालात में कुछेक लोगों ने संकल्प किए और 'मनुष्यता' को नया अर्थ दिया। भारत बदला और दुनिया भी बदली। गांधी, गोखले, नेल्सन मंडेला, डेसमंड टूटू वगैरह के कार्यों का साक्षी रहा है केपटाउन।

(17 जून, 2007)

'मंडेला' से 'मदीबा' की कहानी

मुक्त होते ही मुसीबतों से घिरे!

नेल्सन मंडेला, जिन्हें श्वेत शासकों ने साढ़े सत्ताईस वर्षों तक एकान्त तनहाई में रखा। यातनाएँ देते हुए केपटाउन के जिस रोबेन आइसलैंड के किला जेल में उन्हें 18 वर्षों से अधिक तनहा रखा गया, वह आज 'मिथ' बन गया है। मनुष्य के संकल्प, आत्मबल और मानवीय क्षमता का। बड़ी संख्या में दुनिया के कोने-कोने से लोग यहाँ आते हैं। वहाँ से उन्हें पालसमूर जेल ले जाया गया। वह भी केपटाउन के दक्षिण-पूरब में पास ही है। मंडेला ने अपने संस्मरण में लिखा है—'केपटाउन, जो तीन दशकों से मेरा घर रहा, उसी केपटाउन के लोगों से, जेल से साढ़े सत्ताईस वर्षों बाद मुक्त होकर पहली बार मैं मिलूँगा। भाषण दूँगा। केपटाउन के ग्रैंड परेड मैदान में। यह एहसास और बोध ही रोमांचकारी था। सचमुच जो 'पीर परायी' (दूसरों की पीड़ा-आजादी की कीमत) जानता है, वही इस भाव, बेचैनी और मानस को समझेगा। साढ़े सत्ताईस वर्षों की तनहाई के बाद अपने लोगों के बीच होना।

इसी धरती पर आजाद होकर मंडेला कई दशकों बाद सार्वजनिक सभा में आए थे। उन दिनों के उनके संस्मरण छूनेवाले, मार्मिक और ऊर्जावान हैं। 10,000 से अधिक दिनों तक जेल में रहकर मंडेला बाहर आए। जेल से सीधे सभास्थल जाना था। पर दुनिया और अफ्रीकी इस अद्‌भुत इनसान को देखने, उस दिन केपटाउन में उमड़ पड़े थे। मनुष्य की जिजीविषा की जीत का यह दिन मानवीय इतिहास की धरोहर है। सुरक्षा व्यवस्था चौपट होनी ही थी। उन्हें पूर्व तय रास्ते से न ले जाकर, गली-कूचों और अन्य रास्तों से सभास्थल ले जाने की कोशिश हुई। देहाती इलाके से। स्थानीय रेडियो ने सूचना दे दी कि अपार भीड़ के कारण मंडेला को दूर देहाती इलाकों के रास्ते से सभा-स्थल लाया जा रहा है। यह सूचना पाकर ग्रामीण इलाकों में भी लोग सड़कों पर खड़े हो गए। मंडेला ने अपनी आत्मकथा में लिखा है :

'देहाती इलाके हरे भरे थे...पर मेरे लिए आश्चर्य की बात थी कि अनेक गोरे परिवार, हमारी झलक पाने के लिए सड़कों के किनारे खड़े थे...मैं स्तंभित था। इस

गोरे इलाके से मिले समर्थन ने मुझे अत्यन्त प्रोत्साहित किया। एक जगह मैंने गाड़ी रुकवा दी। कार से बाहर निकला और एक गोरे परिवार के बीच चला गया। मैं उन्हें यह बताना चाहता था कि उनके समर्थन ने मुझे अद्‌भुत ढंग से प्रेरित किया है। इस घटना ने मुझे यह सोचने पर विवश कर दिया कि जिस दक्षिण अफ्रीका को साढ़े सत्ताईस वर्षों पहले छोड़कर मैं जेल गया था, वह काफी बदल गया है।'

यह असाधारण घटना है।

जिन गोरे लोगों की रंगभेद नीति के खिलाफ 44 वर्षीय मंडेला जेल गए। 71 की उम्र में रिहा हुए। भयावह यातना, मानसिक पीड़ा, एकान्तवास, संकल्प और मनोबल तोड़ने के जेल के दिन, जिन गोरों के कारण मंडेला को देखने पड़े, पग-पग और पल-पल मौत से रू-ब-रू होना पड़ा, जिनके अनेक प्रिय कॉमरेड क्रूरता में मार डाले गए, जिनके परिवारों को भयावह यातनाएँ दी गईं। वह व्यक्ति जेल से रिहा होकर सबसे पहले गोरों से मिला। आभार प्रकट किया। और दक्षिण अफ्रीका को साथ मिलकर बनाने का संकल्प किया। न निजी कटुता, न बदले की आग, न अहंकार, न द्वेष, न अतीत की पीड़ा, न भोगी व्यथा, जलालत और नफरत की अभिव्यक्ति।

मंडेला, सचमुच 'मदीबा' (महात्मा, सरदार, लोकनायक जैसी अफ्रीकन जन उपाधि। इसी नाम से मंडेला पुकारे जाते हैं) में तब्दील हो चुके थे। यह बदलाव बुद्ध, ईसा, गांधी (कट्टर शत्रुओं को माफ करना) जैसे सहस्राब्दियों में पैदा होनेवाले इनसानों में ही होता है।

जेल से छूटने के बाद लगातार 2-3 वर्षों तक देश के कोने-कोने में जाकर मंडेला, नया दक्षिण अफ्रीका बनाने की बात करते रहे। काले, गोरे और इंडियन समेत सबकी सहभागिता, सहयोग और साझेदारी से। सबके सपनों का देश। पर बाहर आकर भी मंडेला मुसीबतों के पहाड़ से घिर गए। अपनों और गैरों दोनों से! पर इन दोनों स्तरों पर चुनौतियों को जिस तरह उन्होंने झेला और राह दिखाई, उसने उन्हें इतिहास-पुरुष बना दिया।

(2007)

क्या सीख सकते हैं हमारे नेता मंडेला से

नकली नेता, मौसमी नेता, ढोंगी नेता और सही नेता का फर्क

देश के लिए लड़ने, रंगभेद के खिलाफ संघर्ष और जेल की यातना से अधिक चुनौतीपूर्ण था—एक नए दक्षिण अफ्रीका की रचना का प्रयास। एक नए समाज के सपने की बुनियाद डालना। दो स्तर पर मंडेला के इस प्रयास को तोड़ने-विफल करने की कोशिशें तेज हुईं। जातीय दंगे। बड़े पैमाने पर हिंसा। उनके कॉमरेडों ने समानान्तर कुप्रचार भी शुरू किया। खुद मंडेला ने अपने बारे में हो रहे कुप्रचार पर लिखा है। 'मदीबा' बिक चुके हैं। वह थ्री पीस सूट पहनने लगे हैं। शराब के शौकीन हो गए हैं और लजीज भोजन के दास। पर उन्होंने तय किया, ऐसी अनर्गल बातों को नकारने का एक ही रास्ता था, जिस पारदर्शिता और ईमानदारी से मैंने सब कुछ किया, उसे लोगों को बताना। मैं घूम-घूमकर लोगों को बता रहा था कि यातायात, संचार और मास मीडिया में हुई क्रान्ति ने दुनिया का दृश्य बदल दिया है। संसार तेजी से आगे भाग रहा है। हम दक्षिण अफ्रीकन लोगों को तेजी से अपना देश और समाज बनाना है।

यह प्रसंग पढ़कर मुझे अब्राहम लिंकन याद आए। उन्होंने उस स्कूल के अध्यापक को पत्र लिखा, जहाँ उनका बेटा पढ़ता था। मानव समूह के लिए वह पत्र धरोहर है। उसमें एक पंक्ति थी कि आप (यानी शिक्षक) इसे (यानी मेरे बेटे को) ऐसी शिक्षा दें कि जब इसे लगे कि मैं सही हूँ, पर अकेला हूँ, और पूरी दुनिया मेरे खिलाफ है, फिर भी अपने मूल्यों-आस्था से यह न डिगे? यह 71 वर्षीय व्यक्ति जेल से निकलकर यह कहते घूम रहा था कि जिस भी महिला या पुरुष ने रंगभेद की नीति का परित्याग किया है, उसके साथ कोई भेदभाव नहीं होगा। हम रंगभेद रहित, साझा और लोकतांत्रिक दक्षिण अफ्रीका बनाएँगे। एक व्यक्ति, एक वोट के आधार पर।

वह विद्यार्थियों से कह रहे थे। स्कूलों में लौटो। अपराध पर शान्ति से पाबन्दी लगे। उन्होंने सभाओं में कहा कि मुझे सूचनाएँ मिली हैं कि बड़े अपराधी,

गैंगलीडर्स अपने को आजादी की लड़ाई के सिपाही बताते हैं, आम नागरिकों को तबाह करते हैं। हमारे संघर्ष में ऐसे लोगों के लिए जगह और जरूरत नहीं। संयमित लोक आचरण और शान्त माहौल में जीने का अवसर दिए बिना आजादी का क्या अर्थ है!

यह है 'विजन', 'स्टेट्समैनशिप', 'नेतृत्व' और महानता! धारा के खिलाफ सही बात करने का आत्मबल। अपनी सही बात या टेक पर अकेले डटे रहने का नैतिक बल और साहस। यह फर्क है नकली नेता, कुर्सी के भूखे नेता, मौसमी नेता, ढोंगी नेता, अवसरवादी नेता और सही नेता के बीच। नकली नेता भड़के युवकों से कहता—'मेरे जिगर के टुकड़ो' (महामाया बाबू ने आन्दोलनकारी युवाओं को यही कहकर बिहार में मुख्यमंत्री पद पाया था), अवसरवादी रहता तो कहता—ब्लैक सदियों के अत्याचार से पीड़ित हैं, पहले किए गए हर जुल्म का मुँहतोड़ जवाब दें, अतीत का बदला लें।

डोमेसाइल का सवाल खड़ा करता। मूलवासी और बाहरी के मुद्दे उठते, ताकि वोट बैंक बने, विधायक, सांसद बनने के लिए या सरकार बनाने के लिए। समाज को लड़ाता, ताकि बुनियादी मुद्दों पर समाज विभाजित रहे और घोर अयोग्य, अपराधी, अक्षम नेता, जाति, धर्म, रंग, बाहरी, भीतरी की सीढ़ी चढ़ सत्ता सुख भोगते रहें। राज्य को लूटते रहें।

एक दूसरे स्तर पर भी मंडेला के प्रयासों को विफल करने की कोशिश हो रही थी। लगातार रंगभेद के सवाल पर बड़े दंगे हो रहे थे। फैल रहे थे। रंगभेद के समर्थक दक्षिण अफ्रीका को अशान्त रखना चाहते थे। लगभग वही स्थिति थी, जो आजादी के ठीक बाद (1947-50) तक भारत में रही। दंगे, नेताओं की हत्या, अशान्ति, हिंसा और शरणार्थियों की आवाजाही।

इसी बीच, 1993 में जब वसन्त के दिन थे, मंडेला अपनी जन्मभूमि गए थे। वहीं एक अर्जेंट फोन आया। अफ्रीकन नेशनल कांग्रेस के एक सर्वाधिक लोकप्रिय नेता क्रिस हेनी की हत्या कर दी गई थी। जोहांसबर्ग में गोरों के मध्यवर्गीय मोहल्ले में यह हत्या की गई। वह गोरों-कालों की एकता-सौहार्द के लिए उस समय काम कर रहे थे। मंडेला ने लिखा है कि देश के बेलगाम-उद्धत युवकों को जो अपने करिश्मा-व्यक्तित्व से अनुशासित कर सकता था, वह हममें से क्रिस थे। जो व्यक्ति इस दक्षिण अफ्रीका को महान देश में तब्दील करने की निर्णायक भूमिका में था, वह मार डाला गया। एक गोरे द्वारा। देश अत्यन्त नाजुक मोड़ पर था। इस हत्या के बाद पूरे देश में रंग के आधार पर दंगे भड़कने की स्थिति थी। क्रिस के युवा अनुयायी उन्माद की स्थिति में थे। मंडेला तुरन्त क्रिस के घर रवाना हुए। फिर जोहांसबर्ग गए। वह लिखते हैं :

मुझसे कहा गया, आज की रात देश को सम्बोधित करें। मैंने किया। कहा—'आज रात मैं एक-एक दक्षिण अफ्रीकी से बात कर रहा हूँ, अपनी अन्तरात्मा से। काले हों या गोरे उन सबसे, अपने दिल की उस अतल गहराई से, जहाँ हम सब एक जैसे इनसान हैं। एक पूर्वग्रह और घृणा से भरे श्वेत इनसान ने ऐसा जघन्य काम किया है कि यह पूरा मुल्क तबाही के कगार पर है। डगमगा रहा है। पर एक श्वेत दक्षिण अफ्रीकी महिला ने ही अपनी जान खतरे में डाली, ताकि हम दक्षिण अफ्रीकी सच जान सकें और हत्यारे को सजा हो सके...यही अवसर है कि सारे दक्षिण अफ्रीकी लोग एकजुट खड़े हों, उन ताकतों के खिलाफ जो किसी कोने से उस सपने की हत्या करना चाहती हैं, जिसके लिए क्रिस ने कुर्बानी दी। वह सपना है—'हम सबके लिए आजादी'। मंडेला का यह भाषण पढ़कर मुझे पंडित नेहरू के उस ऐतिहासिक भाषण की याद आई, जो उन्होंने गांधी की हत्या के बाद दिया था।

क्रिस की हत्या पोलैंड से आकर रह रहे एक गोरे ने की थी। वह एक कट्टरपन्थी संगठन से जुड़ा था। मंडेला ने लिखा है कि क्रिस की हत्या साजिश थी, ताकि देश में गृहयुद्ध हो जाए और बहुमत के लोकतांत्रिक शासन की चल रही प्रक्रिया खत्म हो जाए। पर मंडेला उग्र धारा के खिलाफ खड़े हुए और देश को बचा लिया।

(23 जून, 2007)

सवाल भारत के, चिन्ता यूरोप में

स्वीडन सुन्दर है। पर स्वीडन में स्टॉकहोम (राजधानी) का ही नाम सुना था। ओल्फ पामे (पूर्व प्रधानमंत्री) के नाम से परिचित था। बोफोर्स तोप सौदेबाजी में स्वीडन (जहाँ यह बना था) भारत का घरेलू नाम बन गया था। बगैर सुरक्षा कैसे यूरोप के राष्ट्राध्यक्ष रहते हैं। इस सिलसिले में भी ओल्फ पामे और स्वीडन चर्चित हुए थे। स्टॉकहोम के एक मोहल्ले में बिना सुरक्षा के ओल्फ पामे चहलकदमी कर रहे थे, जब उन पर हमला हुआ। इसलिए इच्छा थी, राजधानी (स्टॉकहोम) देखने की। हर देश की राजधानी अपनी संस्कृति-व्यवस्था और मूल्यों की प्रतिबिम्ब होती है। पर जाना था गोथेनबर्ग। अवसर था, वर्ल्ड एसोसिएशन ऑफ न्यूजपेपर्स की बैठक। चार दिनों तक। और यह शहर स्वीडन के दक्षिण छोर पर समुद्र के किनारे था। डेनमार्क देश के उत्तरी छोर पर। समुद्री जहाज से तीन घंटे की यात्रा। स्टॉकहोम गोथेनबर्ग से उत्तर-पूर्व के एक छोर पर है। वायुयान से घंटे भर की यात्रा। हमारा गन्तव्य हेलसिंकी (फिनलैंड) के सीधे गोथेनबर्ग था और लौटना भी इसी रास्ते। इसलिए स्टॉकहोम जाना नहीं हुआ।

उत्तरी यूरोप की यह पहली यात्रा थी। गोथेनबर्ग में सूर्यास्त रात 9.45 पर होता है। सूर्योदय सुबह 4.30 बजे (यह स्वीडन का स्थानीय समय है)। उत्तरी ध्रुव के पास के देशों में से है स्वीडन भी। भारत के समय से यहाँ 3.30 घंटे पीछे है समय-चक्र। गोथेनबर्ग का आर्किटेक्चर (शिल्प) यूरोप के अन्य देशों से मिलता-जुलता है। यहाँ शहरीकरण की प्रक्रिया भिन्न रही है। आमतौर से शहर, संस्कृति के प्रतिबिम्ब बने, यह प्रक्रिया यूरोप में कई सौ वर्षों से चल रही है। नगरीकरण (अरबनाइजेशन) महज स्थूल अवधारणा नहीं है यूरोप में। मसलन, भारत में, शहरीकरण का अर्थ है, अनार्की, भीड़भाड, ट्रैफिक जाम, कंक्रीटों के जंगल (मल्टीस्टोरी बिल्डिंग), पानी संकट, पार्किंग संकट, स्लमों का उदय...वगैरह-वगैरह। भारत में यह काम किसके हाथ है? सरकारी अफसरों, ठेकेदारों, राजनेताओं, जमीन दलालों वगैरह के हाथ। जवाहरलाल अरबन डेवलपमेंट फंड में कितनी लूट हो, इसका षड्यंत्र रचनेवालों के हाथ। हरियाली, पेड़-पौधों को तबाह

कर देनेवालों के हाथ, प्रकृति को पूँजी में तब्दील कर देनेवाले कलाबाजों के हाथ। लेक (झील), तालाब, पार्क, मैदान, खाली जगहों के सौदागारों के हाथ।

इसके ठीक उलट यूरोप की परम्परा रही है। सिटी (शहरीकरण) का वहाँ अर्थ पाया—संस्कृति का प्रतिबिम्ब स्थल। अनेक बड़ी-छोटी लाइब्रेरियों का जाल। बड़ी लाइब्रेरियाँ, सरकारी फंड से। सुन्दर और खुले पार्क। आज से 20-25 वर्ष बाद की चुनौतियों के अनुरूप शहर का विस्तार और विकास। सड़कों की चौड़ाई। वाहनों का अनुमान और तदनुरूप व्यवस्था। घरों-बिल्डिंगों के नक्शे, रंग-रोगन में तारतम्य। हर शहर में इतिहास के जीवित प्रसंग स्मारक के रूप में हैं। साफ-सुन्दर और भीड़ भरें। अपने-अपने शहरों के धरोहर, ऐतिहासिक गौरव के प्रति सम्मान। दंभ भी। बैले, सिनेमा, मशहूर ओपेरा। तरह-तरह के रेस्टोरेंट, पार्कों में गीत, संगीत, प्रवचन। हर शहर अपने यहाँ के 'सेंटर ऑफ एक्सेलेंस' (सर्वोच्च, सर्वश्रेष्ठ बौद्धिक संस्थाएँ) पर नाज करता है। उसका गौरव बढ़े, इसके लिए सचेत रहता है . बौद्धिकों, इतिहासकारों और संस्कृतिकर्मियों की विशेष भूमिका रही है यूरोप के शहरों को गढ़ने में। पग-पग पर नृत्य, संगीत और बौद्धिक बहस की यह संस्कृति गोथेनबर्ग में भी है।

पेरिस के कहवा घर (कॉफी हाउस), सार्त्र, कामू वगैरह का दौर। ब्रिटेन में डिसेंट (मतान्तर) की परम्परा। कभी डॉ. लोहिया ने कलकत्ता, दिल्ली, इलाहाबाद, लखनऊ, पटना वगैरह के कॉफी हाउसों में यह बौद्धिक झलक देखी थी। क्या संयोग है कि भारत में कॉफी हाउसों की यह परम्परा (जिसने एक समय में यहाँ की राजनीति को प्रभावित किया) खत्म हो चुकी है। काफी हाउस बन्द हो गए। इनकी जगह ले ली है पाँच सितारा होटलों ने। सत्ता के असली दलाल, जो सचमुच भारत की राजनीति को प्रभावित कर रहे हैं, अब पाँच सितारा होटलों में अड्डा जमाते हैं।

पर यूरोप की यह परम्परा अभी है। इसी परम्परा स्रोत से समाज के असली सवाल निकलते हैं। सार्वजनिक बहस का विषय बनते हैं। फिलहाल गोथेनबर्ग समेत यूरोप में सार्वजनिक बहस के तीन मुद्दें हैं--(1) खाद्यान्न संकट, (2)मौसम में बदलाव और (3) ऊर्जा राजनीति, मीडिया, विश्वविद्यालय, सार्वजनिक जीवन सब में।

सोचता हूँ, इन तीनों सवालों से सबसे आक्रान्त तो भारत है। पर भारत के सार्वजनिक जीवन, राजनीति और विश्वविद्यालय-कॉलेजों में इन सवालों पर चिन्ता और चेतना?

भारत पहुँचने पर 6 जून के 'टाइम्स ऑफ इंडिया' (मुम्बई) में पढ़ा। इस बार मशहूर जुहू समुद्र तट पर 5 जून को दोपहर बाद अचानक 4.86 मीटर ऊँची लहरें

उठीं। अप्रत्याशित और डरावनी। आधे घंटे के लिए तट पर बसे घर घुटने भर पानी से भर गए। विशेषज्ञ कहते हैं, यह भावी विनाश की झलक है। गौरवमयी कृति 'कामयानी' (जयशंकर प्रसाद) की आरम्भिक पंक्तियाँ याद आती हैं।

जल प्रलय, तेल प्रलय, खाद्यान्न प्रलय की आशंका पर यूरोप में जबर्दस्त जागरूकता, बहस और चिन्ता है। पर भारत में? भारत के शहरों में? शायद यहाँ शहरों की बुनियाद ही गलत पड़ी और पड़ रही है, इसलिए समाज, देश और जनता में अपने सामने खड़ी चुनौतियों के प्रति तटस्थ भाव हैं। 5 जून के ही इंटरनेशनल हेरल्ड, ट्रिब्यून (दुनिया के प्रतिष्ठित अखबारों में से एक) में पढ़ा भी, एशिया के दो देश इन सवालों से सबसे अधिक प्रभावित हैं—भारत और मलेशिया।

(8 जून, 2008)

इटली

रोम : जहाँ इतिहास बोलता है

जुलाई के आरम्भ में यात्रा की सूचना मिली, तो गोथे का कथन याद आया—मेरे मित्र, आप कुछ जानना चाहते हैं, तो यात्रा करिए। फ्रांस के अनातोले ने कहा कि किताबों से इनसान कुछ न कुछ सीखता तो है ही, पर सबसे अधिक वह यात्राओं से ही सीखता-जानता है।

वह भी यात्रा रोम की। 1921 में आल्डोअस हक्सले ने लिखा—क्या जगह है! अन्दर और बाहर से प्रेरित करनेवाली। रोम इटली का खूबसूरत और आश्चर्य में डालनेवाला शहर। लुभानेवाला शहर। रोम, जो जलाया गया, बार-बार नष्ट किया गया, लूटा गया, जीता गया, जिसे कब्जा किया गया। वही रोम, जहाँ के प्राचीन अवशेष राजमहल, स्मारक, क्रूरता की, भ्रष्टाचार की, सौन्दर्य की, बहादुरी की, सृजन की गाथाओं से भरे हैं। चप्पे-चप्पे।

रोम की सभ्यता! जिसका गौरव, कीर्ति और यश, अपयश दुनिया में गूँजा। जो सभ्यता 800 वर्षों तक चली। 753 बी.सी. में स्थापित हुई। 510 बी.सी. में रोम रिपब्लिक (गणतंत्र) बना। लगातार फैला। जूलियस सीजर की हत्या तक। ब्रिटेन से मेसोपोटामिया तक। कैस्पियन सागर तक। पहले सम्राट थे कोसेस्टाइन जो क्रिश्चियन बने। ए.डी. 476 में इस रोमन साम्राज्य का पश्चिमी वर्चस्व खत्म हुआ। पूरब का साम्राज्य बना रहा।

प्राचीन रोम की सभ्यता सबसे पहले मौजूदा इटली में फैली। फिर यूरोप के बड़े भाग में। फिर पश्चिम-पूर्वोत्तर इलाके में। उत्तरी अफ्रीका तक। पूरे पश्चिमी यूरोप को प्रभावित किया। इटली की धरती जहाँ रेनेसाँ (पुनर्जागरण) की रोशनी फूटी, जिसने पूरी दुनिया के सोच, जीवन, कला, साहित्य, आर्किटेक्ट, कानून, इंजीनियरिंग, वैज्ञानिक दृष्टि सब कुछ प्रभावित किया।

रोम, जिसके नाम से ही बचपन से सुने प्रसंग जेहन में उभर आए। रोम, जहाँ स्पार्टाकस का उदय हुआ। वह पहला गुलाम जिसने मनुष्य की गुलामी के जंजीर तोड़े। रॉबर्ट फास्ट की स्पार्टाकस पुस्तक के वे रोमांचक प्रसंग, वे जगहें, जिन्होंने मानव सभ्यता को नई गरिमा दी। रोम, जिसे इकबाल के मशहूर नज़्म से सुना। कैसे रोम और

यूनान जहाँ से मिट गए। वही रोम, जहाँ के नीरो का प्रसंग एक मिथक और प्रतीक बन गया है, शासकों के कामकाज का रोम जल रहा था, नीरो बाँसुरी बजा रहा रहा था। वही रोम, जहाँ के मशहूर ट्राजन युद्ध की कहानियाँ बचपन में सुनने को मिलीं।

हालाँकि जी-8 और जी-6 बैठक जहाँ हो, वहाँ घूमना कठिन है। सुरक्षा, चौकसी। फिर भी भारत के प्रधानमंत्री की टीम में होने के लाभ हैं। रोम शहर हमने देखा। सात पहाड़ियों पर बसा पुराना शहर। पुराने चर्च, महल, भग्नावशेष, सेंट पीटर्स का विश्वप्रसिद्ध चर्च, भव्य राजप्रासाद, राजघराने और पुराने चर्च। जहाँ फासिस्ट मुसोलिनी का उदय हुआ, जहाँ गैरीवाल्डी मेजनी हुए। जो रोम 1870 में इटली की राजधानी बना, जहाँ 1929 में वेटिकन सिटी को सार्वभौम स्टेट का दर्जा मिला। रोम के श्रीमानों के किस्सों को याद दिलाते जहाँ पग-पग पर स्मारक हैं। वहाँ इटालियन स्वर हमेशा एकरस मिलेंगे। बोलते हुए पूरा मुँह खोलना पड़ता है। ए का उच्चारण आ, ई का ऐ, आई का ई, यू का ऊ। इस भाषा में ट वर्ग नहीं है, पर अंग्रेजी बोलते शायद ही कोई रोमन मिले। शहर रोम चित्रों से भरा है। हजारों मध्यकालीन महल हैं। इटली के प्रसिद्ध देशभक्त गैरीवाल्डी की ऊँची मूर्ति है। वियादांते में अमेरिका का पता लगानेवाले प्रसिद्ध कोलम्बस का घर भी। छोटा घर। राष्ट्रीय धरोहर। दूर-दूर से लोग आते हैं। उस बेकार नौजवान ने वह काम किया, जिससे संसार में कायापलट हुआ।

यह वह शहर है, जहाँ के बारे में वर्जीनिया वुल्फ ने लिखा—मैं चाहती हूँ कि मुझे यहाँ रहने की इजाजत मिले। हमेशा-हमेशा के लिए। जहाँ किसी अन्य आत्मा को देखने की जरूरत न हो, यानी यहाँ की खामोशी, अतीत, गौरव, पीड़ा, सबसे आत्मसाक्षात्कार का अवसर मिले। जहाँ के बारे में चार्ल्स डिकेंस ने लिखा, जिसकी भव्यता, गौरव की कोई कल्पना नहीं कर सकता।

जी-8 और जी-6 की बैठक में रोम आना हुआ। दुनिया की अर्थव्यवस्था के नब्बे फीसदी भाग को सँभालनेवाले शासक (आधुनिक सम्राट) इस ऐतिहासिक शहर में थे। अपनी विशिष्टता, ताकत, पहचान के साथ। इतिहासकार कहते हैं कि रोम जैसा पुराना साम्राज्य इसलिए भी खत्म हुआ क्योंकि उसने कॅनविक्शन (दृढ़वसूल) की जगह कनवीनीयेंस (सुविधा, आरामतलबी) को चुना। क्या मौजूदा सभ्यता और इसके शासक इसके पुराने नगर से इतिहास का यह सबक लेकर लौटें कि जिस सभ्यता ने भी सुविधा, भोग, भौतिक सुख को चुना—मूल्यों की कीमत पर, आदर्श की कीमत पर—वह दुनिया से मिट गया।

(2 अगस्त, 2009)

पहले देश, समाज, तब 'मैं'

जापान देखने की ललक थी। चीन देखने की बाल-सुलभ उत्सुकता जैसी ही।

क्यों कब से?

विद्यार्थी जीवन से ही। इसलिए कि एशिया का पहला देश जो आधुनिक बना। गैर-पश्चिमी जमात का मुल्क, पश्चिम की प्रगति को टक्कर देनेवाला। जहाँ जीवन से ऊपर, आत्मसम्मान माना गया, निजी, समाज या मुल्क का। जिसकी शिष्टता-शालीनता, झुक-झुककर अभिवादन, पर अपने हितों के प्रति दृढ़ता के अनेक प्रसंग सुने थे। मेजनी सुधारकों ने जहाँ पश्चिम की श्रेष्ठ चीजों को अपनाया पर अपनी शर्तों और आबोहवा के अनुकूल। अपनी भाषा, अपनी संस्कृति को साबूत रखकर। 1895 में जिसने चीन को हराया। 1905 में रूस को। यूरोप (रूस) को शिकस्त देनेवाला पहला एशियाई मुल्क। एशिया की पहली महाशक्ति बननेवाला देश। जी-सात और आसेड जैसे एक्सक्लूसिव वेस्टर्न क्लब्स (खास पश्चिमी संगठन) का सदस्य होनेवाला पहला गैर-पश्चिमी वतन।

एशिया पर नए ढंग से सोचनेवाला विश्व मशहूर चिन्तक किशोर महबूबानी के अनुसार—'जापानी वेयर कम्प्लीटली प्रैग्मेटिक' (जापानी पूरी तरह व्यावहारिक थे)।

जापानी जड़ से जुड़े फ्रांसिस फुकियामा ने जब से कहा—दुनिया में इतिहास का अन्त हो गया है। ('90 के दशक में रूस टूट के बाद), तब से दुनिया में 'प्रैग्मेटिज्म' (व्यावहारिक) नया वाद-विचार है। भारतीय राजनीति में, लोक व सार्वजनिक जीवन में अब आदर्श 'पागलपन' का पर्यायववाची है। 'प्रैग्मेटिक' बनना (व्यावहारिक) युग और काल के अनुरूप। इस नए 'प्रैग्मेटिकवाद' को पुख्ता आधार दिया चीनी राजनेता देंग ने। महबूबानी मानते हैं कि 'द ग्रेटेस्ट प्रैग्मेटिस्ट इन एशियाज हिस्टरी इज प्रावेवली देंग सियाओपिंग (एशिया के इतिहास में सबसे बड़ा व्यावहारिक, शायद देंग सियाओपिंग हैं)। उन्हीं दिनों देंग का बयान आया था। इससे कोई फर्क नहीं पड़ता कि बिल्ली काली है या सफेद, अगर वह चूहे को पकड़ लेती है, तो अच्छी बिल्ली है।

यह साम्यवाद के पराभव और पूँजीवाद-बाजारवाद के उदय की बेला थी।

कुछ ऐसा ही द्वन्द्व था जापान के सामने। वाद व विचार का नहीं। दूसरे महायुद्ध में परास्त मुल्क। टूटा-बिखरा। पर राख से वह उठ खड़ा हुआ। तब एक जापानी का मानस क्या था? हाल में पढ़ा, तोक्यो यूनिवर्सिटी ऑफ फॉरेन स्टडीज की स्मारिका, हिन्दी-उर्दू शिक्षण शताब्दी वर्ष (1908-2008) के अवसर पर प्रकाशित। लक्ष्मीधर मालवीय द्वारा लिखित संस्मरण प्रोफेसर तानिपुरा तातेकि के बारे में। एक बार प्रोफेसर तातेकि (हिन्दी के जानेमाने जापानी प्रोफेसर) ने प्रोफेसर मालवीय से कहा—'हार से हम जापानियों की वर्जिनिटी खतम हो गई'। यह सिर्फ एक जापानी का मानस नहीं, कमोबेश जापानी समाज का था।

उस पस्त हाल से, राख से कैसे एक मुल्क फिर खड़ा हुआ पूरी ताकत से? वह संकल्प, दृढ़ता और ऊर्जा क्या थी? यह जानने की ललक से दशकों पहले पढ़ी पुस्तक (अकियो मोरिता) की याद आई। 'मेड इन जापान' (अकियो मोरिता एंड स्पेनी)। द इंटरनेशनल बेस्टसेलर। जापानी सफलता की संस्कृति की झलक उसी पुस्तक में मिली। दूसरे विश्वयुद्ध के तत्काल बाद युवकों का एक समूह बैठा। बम और ध्वंस से तबाह तोक्यो के एक जले डिपार्टमेंटल स्टोर में। पास में कुछ भी नहीं। सिर्फ संकल्प और सपने। वहाँ उन्होंने एक कम्पनी की नींव डाली, जिसकी टेक्नोलॉजी से जापान की अर्थव्यवस्था के पुनर्निर्माण का संकल्प लिया गया। जो कम्पनी बनी, उसका नाम सोनी था। इसी समूह से एक युवा इंजीनियर अकियो मोरिता इसके चेयरमैन बने। जापानी मैनेजमेंट-प्रबन्धकला की जानकारी इसी पुस्तक से मिली। उनके जीवन और व्यापार के श्रेष्ठ मूल्यों के बारे में भी। कैसे शून्य से शिखर तक पहुँच गई सोनी? दुनिया के घर-घर तक नाम-उत्पाद पहुँचा। इसी जापानी प्रबन्धकला ने वैश्विक आर्थिक प्रतिस्पर्द्धा में अमेरिका को पछाड़ दिया। जिस मुल्क के पास प्राकृतिक संसाधन नहीं (आयरन ओर वगैरह नहीं), वह स्टील का श्रेष्ठ उत्पादक बना?

विपरीत परिस्थितियों को अपने अनुकूल ढाल लेनेवाला मुल्क। मानस। बहुत बाद में विश्व मशहूर चिन्तकों ने कहा—दुनिया में चले 'कोल्ड वार' (शीतयुद्ध) दौर का विजेता तो जापान है। अमेरिका के पूर्व सीनेटर पाल टासोंगस ने अपने राष्ट्रपति चुनाव अभियान में कहा—'द कोल्ड वार इज ओवर एंड जैपनीज वोन' (शीत युद्ध खत्म हुआ, जापानी जीत गए)।

फिर पॉल केनेडी की विख्यात कृति की याद आई। 'द राइज एंड फाल ऑफ द ग्रेट पावर्स' (बड़ी महाशक्तियों के उत्थान और पतन)। पॉल ने लिखा कि जापान में 'फैनेटिकल बिलीफ' (चरमपन्थी की तरह विश्वास) रहा, क्वालिटी कंट्रोल (गुणवत्ता नियंत्रण-स्तर) में। श्रेष्ठ प्रबन्धकीय कौशल को उधार लेना और उसे

श्रेष्ठ बनाकर अपने अनुकूल ढाल लेना। सर्वश्रेष्ठ शिक्षा का राष्ट्रीय मापदंड विकसित करना। असंख्य असाधारण इंजीनियर पैदा करना। इलेक्ट्रॉनिक्स-ऑटोमोबाइल्स में विश्व में जगह बनाना। उद्यमिता (इंटरप्रेन्योरशिप) को छोटे से लेकर बड़े स्तर पर प्रश्रय देकर। कम्पनी के प्रति लॉयल्टी (प्रतिबद्धता) और कठिन काम की राष्ट्रीय संस्कृति विकसित कर। प्रबन्धन और कामगारों के बीच द्वन्द्व को हड़ताल जैसी चीजों से नहीं, नई संस्कृति अपनाकर सुलझाने की पद्धति अपनाकर। पॉल ने और भी अनेक चीजें लिखी हैं, जिन्हें विकसित कर जापानी राख से उठ खड़े हुए। नई आर्थिक महाशक्ति बनकर।

उस देश में जाकर सुना। जापानी मित्रों से। चीनी, वे तो नकलची हैं, असल 'क्रिएटिव इंजीनियर' (सृजनात्मक इंजीनियर) तो हम हैं। यह अहं बोध भी कह सकते हैं, पर यह धारणा निराधार भी नहीं है।

कैसा है यह जापानी मानस?

प्रधानमंत्री के विशेष विमान 'खजुराहो' तोक्यो से क्वालालंपुर (5361 किमी.) की उड़ान पर था। भारत सरकार के एक बड़े अधिकारी (विदेश मंत्रालय) से पूछा? वह जापान स्थित भारतीय दूतावास में रहे हैं। बड़े पद पर। लम्बे समय तक। जापान की खासियत क्या है? बताते हैं—(1) नेशन बिफोर सेल्फ (अपने से पहले देश), (2) सोसाइटी बिफोर सेल्फ (अपने से पहले समाज), (3) फेस ऑफ ऑनर (आत्मसम्मान के साथ जीना)। ये तीन सूत्र नहीं, मानस हैं। जापानी ताकत। श्रेष्ठता और सफलता के। वहीं सुनता हूँ, जापानी विमान लेकर कैसे दुश्मन समुद्री जहाजों में घुस जाते थे? दूसरे विश्वयुद्ध में। मरकर तबाह करने का मानस। आज के अफगानी या पाकिस्तानी जिहादियों ने 'आत्मघाती बम' बनने का सूत्र शायद इसी से पाया हो! लिट्टे के मानव बम का प्रेरक प्रसंग शायद यही रहा हो! जापानियों के लिए पहले देश है। फिर समाज, अन्त में निजी स्वार्थ या मैं। अपवाद भी हैं।

इसी यात्रा में याद आया। जापानी सामुराइ के बारे में प्रोफेसर लक्ष्मीधर मालवीय का लिखा प्रसंग—'उनके पूर्वज (प्रोफेसर तानिपुरा तातेकि) सामुराइ, क्षत्रिय थे। जापान में पुरानी मान्यता है, हारे हुए सामुराइ को शर्मसार कर सकनेवाली कोई बात रह ही नहीं जाती!

सामुराइ योद्धा, पराजय की स्थिति में एल आकार में, खुद अपने पेट में अपनी तलवार से घाव-हमला कर प्राण दे देते थे। जीते जी पराजय स्वीकार नहीं। अपमान बर्दाश्त नहीं। इस मानस-संकल्प का मुल्क।

यह मुल्क इसलिए भी देखने की ललक थी कि 'बुलेट प्रूफ रेल' से लेकर इलेक्ट्रॉनिक्स, ऑटोमोबाइल में सर्वश्रेष्ठ उत्पाद और नई-नई चीजों से विश्व बाजार

में छा जानेवाला देश या लोग हैं कैसे? विश्व का श्रेष्ठ इंजीनियरिंग-मैनेजमेंट मानस है क्या? पता चला, ट्रेनें सेकंड्स में चलती हैं। डाट टाइम पर। मसलन 11 बजकर 20 मिनट, 30 सेकंड पर ट्रेन खुलती है। ट्रेनों का ऐसा ही टाइमटेबल है। दशकों पहले की एक घटना बताई जाती है। प्रोग्रामिंग में कोई चिप इधर-उधर हो गया। फिर एक ट्रेन कहीं अचानक ठहर गई। 10-12 मिनट विलम्ब देशव्यापी मुद्दा। पूरा रेल बोर्ड-मंत्री, राष्ट्रीय टी.वी. चैनल पर गए, झुक-झुककर देश से बार-बार माफी माँगी। और सामूहिक इस्तीफा दे दिया।

हिन्दी के मशहूर लेखक, जापान में अध्यापन काम में लगे प्रोफेसर सुरेश ऋतुपर्ण के लम्बे लेख (जापान में हिन्दी-उर्दू शिक्षण : सौ साल का सफर) के दो अंश, जापान को जानने-समझने में मदद करते हैं :

(1) 'युद्धोपरान्त जापान के पुनर्निर्माण का जो कार्य शुरू हुआ, वह एक असम्भव सा लगनेवाला कार्य था। लेकिन जापानी जनता के धैर्य, आत्मशक्ति और श्रमशक्ति के अद्भुत संगम ने इस असम्भव एवं दुष्कर कार्य को सम्भव कर दिखाया। यदि बहुत बारीकी से देखा जाए, तो इसके मूल में भी जापानी मन का युयुत्सु-भाव ही काम कर रहा था। अब वे युद्ध के नहीं, विकास और पुनर्निर्माण के मोर्चे पर डटे थे। अनुशासन, लगन, देशप्रेम और अनहोनी को होनी में बदलने की दुर्दमनीय आकांक्षाओं के साथ वे अपने ध्वस्त राष्ट्र का पुनर्निर्माण करने के लिए एकजुट हो गए। यह कार्य भी उनके लिए किसी युद्ध से कम नहीं था और उनका एकमात्र लक्ष्य था विजयी होना।

क्या किया जापानियों ने, यह भी पढ़िए प्रोफेसर ऋतुपर्ण की इन पंक्तियों में।

(2) सन् 1960 तक आते-आते विजेता के रूप में उभरने लगे। सन् 1964 में विश्व की सबसे तेज 'बुलेट ट्रेन' ने दौड़ना शुरू कर दिया, जो जापान के लिए बड़े गर्व की बात थी। इसी तरह 1964 में ओलम्पिक खेलों का सफल आयोजन करके जापान ने विश्व बिरादरी को अपनी प्रगति और उपलब्धियों का परिचय देने में कोई कसर नहीं छोड़ी। सन् 1970 में जापान के ओसाका शहर में आयोजित 'एक्सपो-70' का अत्यन्त विशाल आयोजन किया गया। वस्तुतः यह 'एक्सपो' एक प्रकार का 'शोकेस' था, विश्व को यह जतलाने के लिए कि धूल में मिला जापान अब विश्व के प्रमुख विकसित देशों की कतार में बहुत आगे आ चुका है।

वस्तुतः बीसवीं शताब्दी का आठवाँ दशक जापान के पुनरोदय का उद्घोष करनेवाला दशक था। जापान की उन्नति को विश्व भर में 'आर्थिक चमत्कार' कहा जाने लगा।

जहाँ ऐसे मूल्य हैं सार्वजनिक जीवन में, वह देश देखने की साध थी। वह जापान, जिसका मूल नाम 'निहोन' या 'निप्पोन' है, जिसका अर्थ है—आते सूरज

का देश। जापान में सूर्य पूज्य है। देवी के रूप में जापान के झंडे पर सूर्य को दर्शानेवाला गोल चिह्न है। यह पूरब का छोर है। पूर्व प्रशान्त महासागर में चार बड़े और अनेक छोटे-छोटे द्वीपों की शृंखला, जापान द्वीप समूह है।

इस जापान में 538 ई. में बौद्ध धर्म चीन, कोरिया होते हुए पहुँचा है। वह, जापान के राजकीय शिन्तो धर्म के साथ स्वीकार्य हुआ। पर भारत के पौराणिक देवी-देवताओं के संकेत यहाँ मिलते हैं। प्रो. ऋतुपर्ण के लेख से ही, 'भारत में विद्या और ज्ञान की देवी सरस्वती (बेंटेंन) यहाँ ज्ञान के साथ ही प्रेम की देवी भी हैं। इन्हीं की बहन 'बेंनजेइटन' लक्ष्मी के रूप में मान्य है। इसी तरह हमारे मृत्यु के देवता यमराज यहाँ 'एम्मासामा' के नाम से जाने जाते हैं। जापान के मन्दिरों में प्रांगण में 'होमकुंड' जैसी कल्पना के भी साक्षात् दर्शन होते हैं। मन्दिर में प्रवेश से पूर्व ही प्रांगण में जलकुंड भी होते हैं, जिससे निरन्तर जल प्रवाहित होता रहता है और लोग आचमन करके, पवित्र होकर मन्दिर में प्रवेश करते हैं।

होमकुंड में लोग अगरबत्तियाँ जलाते हैं। हाथ जोड़कर प्रार्थना करते हैं और उसका धुआँ हाथ की हवा से अपनी ओर करके धूम्रस्नान जैसा करते हैं। उनकी मान्यता है कि 'इससे शरीर और आत्मा पवित्र होते हैं।'

पर गुजरे 20 वर्षों में पासा पलटा है। 1990-91 में जापान की ताकतवर अर्थव्यवस्था 'मन्दी' की शिकार हुई। आर्थिक समृद्धि के शिखर से लुढ़कने का दौर विश्व-अर्थव्यवस्था के शीर्ष पर रहने का सपना भंग होने की शुरुआत। प्रतिद्वन्द्वी चीन की प्रबल चुनौती और महाशक्ति के रूप में चीन के उदय के दशक। जापान की बढ़ती बेचैनी के दौर की शुरुआत।

(14 नवम्बर, 2010)

सागर पार भोजपुरी, हिन्दी और बिहार की बातें

(राष्ट्रपति के साथ मॉरीशस यात्रा से)

अपने विशेष विमान (एयर इंडिया ए 1-1, आगरा) में राष्ट्रपति प्रतिभा देवी सिंह पाटिल ने (दिल्ली से मॉरीशस उड़ान) पत्रकारों को बताया कि मेरी यात्रा का मकसद मॉरीशस और भारत के बीच खास रिश्ते को और मजबूत करना है। भारत की राष्ट्रपति चार दिनों की विशेष यात्रा पर 24 अप्रैल शाम (मॉरीशस समय) यहाँ पहुँचीं। 24 अप्रैल से 28 अप्रैल तक की यात्रा थी। पोर्ट लुई स्थित सर शिवसागर रामगुलाम अन्तर्राष्ट्रीय हवाई अड्डे पर उनका (भारतीय राष्ट्रपति व उनके साथ आए प्रतिनिधिमंडल) खास स्वागत देखकर दोनों देशों के बीच आत्मीय सम्बन्ध की पहली झलक मिली।

राष्ट्रपति ने अपने विमान में सही ही कहा कि दोनों देशों को महज एक समुद्र ही नहीं जोड़ता, दोनों देशों के तटों पर एक ही विशाल सागर (हिन्द महासागर) की लहरें ही नहीं पखारतीं, बल्कि भारत मूल से जुड़े लोगों का बड़ा तबका भी यहाँ है। भारतीय राष्ट्रपति मॉरीशस के राष्ट्राध्यक्ष, पक्ष-विपक्ष, उच्चतम न्यायालय के शिखर पदों पर बैठे लोगों से ही नहीं मिलेंगी, बल्कि अनेक सांस्कृतिक आयोजनों में भी शरीक होंगी। भारतीय मूल के लोगों से मिलेंगी। दोनों देशों के व्यवसाय-उद्योग जगत् के शिखर पर बैठे लोगों से भी बातचीत करेंगी। वह उन ऐतिहासिक जगहों पर भी जाएँगी, जहाँ की स्मृतियाँ-अतीत, भारत के मानस-इतिहास में सजीव दर्ज हैं। आज भी।

दिल्ली से लगभग 6000 किमी. दूर पोर्ट लुई पर उतरते ही भारत के प्रति विशेष भाव झलका। एयरपोर्ट से लगभग 70 किमी. उत्तर, समुद्र के किनारे या गोद में बने होटल मार्तिम पहुँचते ही इस भाव का एक और चेहरा मिला। होटल के लोग गर्मजोशी से मिले। मुझे कमरे तक छोड़ने आए प्रीत विराज ने कहा—हम घर में भोजपुरी बोलते हैं। फ्रेंच, किरोल, अंग्रेजी, हिन्दी विराज जानते हैं पर भोजपुरी का जलवा है। वह कहते हैं—मेरा मूल बिहार का है। मैं कभी गया नहीं। 150-180 वर्ष

पूर्व पूर्वज आए। तब से घर में आज भी वही रीति-रिवाज, परम्पराएँ हैं। पर्व-त्योहार हैं। मन्दिर हैं, बोली है। कमरे में मेरा सामान सहेजते हैं प्रीत विराज, फिर कहते हैं— मेरा सरनेम है, राम झूरिया। अंग्रेजी में लिखकर स्पष्ट करते हैं। यहाँ की एक-एक चीज बारीकी से बताते हैं। फिर मिलेंगे, कहकर जाते हैं। आज 25 अप्रैल को जब कमरे की बॉलकनी में बैठा विशाल सागर देख रहा हूँ, अथाह नीला समुद्र, श्यामवर्ण का अपरिमित आकाश, तब दशकों पहले पढ़ी पंक्तियाँ याद आ रही हैं। इस पार प्रिये मधु है, तुम हो, उस पार न जाने क्या होगा? यह सृष्टि का रहस्य है। इस सागर के छोर-छोर या उस पार से आए भारतीय मूल के लोग यहाँ है। उधर भी।

यह तो 200 वर्षों का सिलसिला है। पर सृष्टि में यह जोड़ने का सिलसिला तो लाखों-करोड़ों वर्ष पुराना है। कौन कहाँ से आया, कहाँ गया और कहाँ जाएगा? माइग्रेशन (एक जगह से दूसरी जगह) सृष्टि-संसार की प्रगति का मूल स्रोत ही नहीं रहा है, वह ध्रुव सत्य की तरह है। कौन कहाँ का? किसकी कौन धरती? कौन मूलवासी और कौन बाहरी? भारत ने शायद बहुत पहले माना था कि 'सबै भूमि गोपाल की'। डॉ. राममनोहर लोहिया ने जब विश्व सरकार की बात की, तो लोग हँसे, पर धरती को कायम रहना है, तो यह मानव सम्बन्ध समझना ही होगा। एंथ्रोपोलॉजिस्ट और डी.एन.ए. शोध से सृष्टि और मानव उद्‌गम को समझनेवालों की बात याद आती है। आदिमानव अफ्रीका से निकला, इन्हीं तटों से होते हुए संसार में फैला। अब वे स्मृतियाँ या चिह्न नहीं हैं। पर भारत से मॉरीशस आए लोगों ने अपनी धरोहर-स्मृतियाँ बचा रखी हैं। वह एक अलग अध्याय है।

पर बिना देखे यह नहीं जान सकते कि मॉरीशस का सौन्दर्य कैसा है? शान्त सागर, चौतरफा हरियाली और ऊर्जावान लोग। 1890 के आसपास दुनिया को देखते मार्क ट्विन ने लिखा था—आप आकलन करिए कि पहले मॉरीशस बना होगा, इसके बाद इसकी नकल पर स्वर्ग बना। पर यह स्वर्ग बना कैसे?

अनुमान है कि दस लाख वर्ष पहले भयानक ज्वालामुखी विस्फोट से यह द्वीप बना। उसका क्रेटर क्यूपिप के पास अब भी है। पर ये अब 'डेड वालकेनो' (मृत) हैं, 'एक्टिव' (जिन्दा) नहीं। बहुत ही सख्त चट्टानें। नागफनी का फैलाव। कँटीली-जहरीली झाड़ियाँ। बिच्छुओं का जाल। हालाँकि भारत और अरब के समुद्री व्यापारी इसे 10वीं सदी से जानते थे। पर पुर्तगाली नाविकों ने 16वीं शताब्दी में इसे तलाशा। पहले यूरोपीय यहाँ बसे। यह निर्जन द्वीप था। यहाँ कोई मूल बाशिन्दा नहीं है। 1638 में डच लोगों ने इसे ले लिया। अपने राजकुमार के नाम 'इले डी मॉरीश' पर इसका नाम रखा। डचों ने यहाँ ईख की खेती शुरू की। जावा से लाकर। फ्रांस और ब्रिटेन के यहाँ से गुजरनेवाले जहाजों से कर लेना शुरू किया। बाद में डच इस्ट इंडीज कम्पनी ने इसे 'अनप्रॉफिटेबल' (अलाभकर) कहकर छोड़

दिया। 1810 में ब्रिटेन ने फ्रांस को हराकर मॉरीशस को ले लिया। पेरिस सन्धि के तहत अंग्रेजी यहाँ की राजभाषा जरूर बनी, पर फ्रेंच भाषा, संस्कृति और कानून का गहरा असर हुआ और है। ब्रिटेन ने 12 जून, 1833 को ब्रिटिश पार्लियामेंट के कानून के तहत गुलामी को हटा दिया। 1 फरवरी, 1835 से मॉरीशस में यह लागू हुआ।

तब 1834 में शुरू हुई 'गिरमिटिया' मजदूरों को अफ्रीकी देशों से लाने की प्रक्रिया। खासतौर से बिहार, पूर्वी उत्तर प्रदेश, तमिलनांडु और तटीय आन्ध्र से भारतीय मजदूर लाए जाने लगे। 80 वर्षों तक भारतीय मजदूर यहाँ लाए जाते रहे। 1834 से 1910 या 1920 तक गांधी के विरोध-उदय तक। उन मजदूरों का जीवन सामयिक इतिहास के सबसे दुखद इतिहासों में से एक है। बहरहाल मॉरीशस में उतरते ही सुना, वह मॉरीशस जिसे मार्क ट्विन ने स्वर्ग से भी सुन्दर कहा, वह बिहारी ब्लड, स्वेट एंड टीयर्स (खून, पसीना और आँसू) से बना। यह कठोर मगर सत्य बात मॉरीशस के एक साथी ने सुनाया।

राष्ट्रपति ने मॉरीशस के प्रधानमंत्री से बात करने के बाद कहा भी कि बदलते समय के अनुसार हमने तय किया है कि उच्च शिक्षा, सूचना तकनीक, विज्ञान-टेक्नोलॉजी, टूरिज्म, संस्कृति के क्षेत्रों में कैसे दोनों देशों के बीच सम्बन्ध हो, इसके लिए एक व्यावसायिक प्रतिनिधिमंडल भी (बिजनेस डेलीगेट्स) आया है।

पर कल 26 अप्रैल को राष्ट्रपति उस आप्रवासी घाट पर जानेवाली हैं, जहाँ भारतीयों का पहला दल उतरा था। जहाँ वे भारतीय 'कुली दासता' का पहला कदम रखते थे। 'दासता' से 'निर्णायक' स्थिति में पहुँचे भारतीयों (खासतौर से हिन्दीभाषी लोगों की दास्ताँ) का इतिहास सचमुच धरोहर है। भावी पीढ़ियों के लिए। उस स्मृति को ताजा करने और भविष्य के रिश्तों को मजबूत करने के लिए ही मॉरीशस पधारी हैं भारत की राष्ट्रपति।

(26 अप्रैल, 2011)

आप्रवासी घाट पर राष्ट्रपति

भारत की राष्ट्रपति प्रतिभा देवी सिंह पाटिल ने तीन महत्त्वपूर्ण कार्यक्रमों में हिस्सा लिया। मॉरीशस की राष्ट्रीय सभा (नेशनल असेम्बली) को सम्बोधित किया। फिर आप्रवासी घाट गईं। शाम में इन्दिरा गांधी सेंटर फॉर इंडिया कल्चर द्वारा आयोजित कार्यक्रमों में भाग लिया।

मॉरीशस की राष्ट्रीय सभा में उन्होंने भारत की विविधता पर भी चर्चा की। कहा—दुनिया के हर छह लोगों में से एक भारत में बसता-रहता है। 22 भाषाएँ और 1700 बोलियाँ। हर धर्म के अनुयायी वहाँ हैं। इसी तरह मॉरीशस की विविधता की चर्चा उन्होंने की। मॉरीशस के प्रधानमंत्री डॉ. नवीन चन्द्र रामगुलाम ने धन्यवाद प्रस्ताव में अत्यन्त सम्मान और आत्मीयता से भारत की बात की।

पर राष्ट्रपति की आप्रवासी घाट यात्रा यादगार आयोजन है। यह वही घाट है, जहाँ भारत से आनेवाले मजदूर उतरते थे। दो दिन रोके जाते थे। अगर समुद्री यात्रा में बच गए, तो वहाँ दो दिनों जाँच चलती थी। नारकीय जीवन। भारतीय कुली या गिरमिटिया मजदूर कुली दासता का पहला कदम यहीं रखते थे। यहाँ से सब संग-साथ छूट जाता था। संयोग से पति-पत्नी रहे, तो उन्हें भी अलग-अलग गोरे मालिक ले जाते थे। इस घाट की यात्रा भारतीयों (खासतौर से हिन्दीभाषी लोगों) की पीड़ा, दुख और संघर्ष के इतिहास की स्मृति से रू-ब-रू होना है। राष्ट्रपति का इस स्थल पर आना उन भारतीयों के प्रति सम्मान है, जिनके तप, त्याग और कुर्बानी ने भारत का सिर ऊँचा किया है। वहाँ एक 18-19 वर्ष की गाइड युवती सुनयना हमें हिन्दी-अंग्रेजी में एक-एक चीज का इतिहास बता रही थी। पुरखों और पूर्वजों की पीड़ा का अध्याय। उससे पूछा—तुम्हारी जड़ें कहाँ हैं ? कहा—भारतवासी हूँ। हिन्दीभाषी। जड़ मालूम नहीं, पर अन्त में अंग्रेजी में कहा—'वी आर प्राउड टू बी इंडियन' (भारतीय होने पर हमें गर्व-अभिमान है)। इसी घाट पर बेबस भारतीयों की भीड़ पोर्ट लुई पर उतारी जाती थी। जानवरों की तरह काम में जोत दी जाती थी। घाट पर स्थित पत्थर के हौदों, सीढ़ियों और कोठरियों में लाखों लोगों के जीवन की विवशताएँ हैं, तो जीवन से संघर्ष की अद्भुत दास्तान भी। मनुष्य की गरिमा-ऊँचाई

तय करने के नए अध्याय भी इन्हीं बेजुबान पत्थरों को गवाह बनाकर लिखे गए। इस अद्भुत दास्तान पर अलग से फिर कभी चर्चा।

आज इस घाट पर राष्ट्रपति की उपस्थिति से वह पुरानी स्मृति मॉरीशस में भी उभरी। पिछले साल 2 नवम्बर से पूरे मॉरीशस में गिरमिटिया यात्रा प्रदर्शनी घूम रही है। उस स्मृति को नई पीढ़ी से दरस-परस कराते। उस आप्रवासी ट्रस्ट को भारत की राष्ट्रपति ने तीन चीजें सौंपी—(1) 150 गिरमिटिया मजदूरों के टिकटों का डिजिटल प्रिंट, (2) डाकेट्स, (3) महात्मा गांधी के डाक टिकट। इस कार्यक्रम के मकसद थे—(1) यात्रा, गिरमिटियों की उस पुरानी दास्ताँ की स्मृति का सिलसिला चले, (2) संघर्ष का पुनर्स्मरण, (3) भविष्य के लिए इसके स्मरण से ताकत मिले, (4) प्रगति में भारत और मॉरीशस की साझेदारी भविष्य में और मजबूत-प्रगाढ़ हो। अतीत स्मरण की बुनियाद पर।

शाम का कार्यक्रम इन्दिरा गांधी सेंटर फॉर इंडिया कल्चर में हुआ। भारत के बाहर, भारत का सबसे बड़ा सांस्कृतिक केन्द्र इंडियन काउंसिल ऑफ कल्चर रिलेशंस द्वारा संचालित। मॉरीशस के प्रधानमंत्री ने याद किया कि वर्ष 2000 में अटल बिहारी वाजपेयी ने इसकी नींव रखी थी। फिर उन्होंने इन्दिरा गांधी को बड़े आदर, सम्मान और ऊँचाई से याद किया। कहा—श्रीमती गांधी मॉरीशस को चौथा भारत कहती थीं। 1970 की उनकी पहली यात्रा, फिर 1976 में श्रीमती गांधी के मॉरीशस आने की याद दिलाई। यह संजय गांधी और राजीव गांधी के साथ आई थीं। मॉरीशस के प्रधानमंत्री ने अपने परिवार (सर शिवसागर रामगुलाम) और नेहरू परिवार के आत्मीय सम्बन्धों की भी चर्चा की।

भारत की राष्ट्रपति ने भी श्रीमती गांधी की खूबियों को स्मरण कराया।

इस केन्द्र के कार्यक्रम की शुरुआत यहीं के युवा कलाकारों ने अपने कार्यक्रमों से की। तुलसीदास लिखित वन्दना 'गाइए गणपति जगवन्दन' से। फिर तबला और ढोल पर कार्यक्रम। फिर सन्त रामदास की रचना 'बादल गरज नवघोर, शोर पपिहरा बहुत करत है' पर मन मोहनेवाला कत्थक नृत्य।

ये सांस्कृतिक कार्यक्रम मनमोहक थे। एक मित्र ने कहा—'भारत से ज्यादा भारतीय'।

सचमुच, भारत पश्चिम की ओर है बल्कि पश्चिम नहीं, अमेरिकी धुन में डूब रहा है। भारतीयता को भूलते हुए, पर वह भारतीय गन्ध, भारत से छह हजार किमी. दूर मॉरीशस में मुग्ध कर रही है।

(27 अप्रैल, 2011)

यातना, पीड़ा से पुरुषार्थ तक

हम आप्रवासी घाट गए थे। भारत की राष्ट्रपति श्रीमती प्रतिभा देवी सिंह पाटिल के साथ। वह चुपचाप उस घाट को देखती रहीं। मानो अतीत के पन्ने पलट रही हों।

इस आप्रवासी घाट में भारतीय इतिहास सोया है और साफ कहें तो हिन्दी पट्टी का इतिहास। इसी घाट पर 1834 में भारतीय गिरमिटिया मजदूरों या जहाजियों का पहला बेड़ा उतरा था। तब से लेकर 1910 के बीच 4.5 लाख से अधिक भारतीय मजदूर/जहाजी/गिरमिटिया मॉरीशस आए। आज उनकी संख्या वहाँ की आबादी का 68 प्रतिशत है। 2 नवम्बर, 1834 को तब से यह दिन आप्रवासी दिवस के रूप में याद किया जाता है। मॉरीशस में राष्ट्रीय छुट्टी रहती है।

इस घाट पर एक पत्थर लगा है, जिस पर लिखा है—

कुली का आगमन ता. 2.11.1834 और अन्त ता. 31.5.1924

उद्घाटन तिथि डॉ. रामगुलाम प्रधानमंत्री द्वारा ता. 4.6.1978

वहीं अंग्रेजी और हिन्दी में अलग-अलग पट्टी लगी है। अंग्रेजी की पट्टी पर लिखा है—

द अननोन इमिग्रेंट्स
हिस्टरी टर्न ए ब्लाइंड आई बिफोर हिम।
नॉट विटनेस, हिस्टरी स्टैंडिंग म्यूट,
टोल्ड हिज फुल स्टोरी,
हि हू फर्स्ट हैड वाटर्ड दिस लैंड
विद हिज स्वेट एंड टर्न स्टोन इन टू ग्रीन फील्ड्स इन टू गोल्ड।
द फर्स्ट इमिग्रेंट्स, हि, सन ऑफ दिस लैंड।
हि वाज माइन। हि वाज योर्स। हि वाज ऑवर वेरी ओन।

—अभिमन्यु अनत

(अनजान आप्रवासी
इतिहास ने उससे आँखें मूँद लीं,
उसका गवाह नहीं बना, इतिहास यूँ ही मूक खड़ा रहा,
अपनी पूरी कहानी सुनाई,

वही जिसने पहले पहल अपने पसीने से इस भूमि को सींचा
और हरे खेतों में पड़े पत्थर को भी सोने में बदल दिया।
पहला आप्रवासी, वह, इस धरती का बेटा।
वह मेरा था। वह आपका था। वह हमारा बिलकुल अपना था।)

—अभिमन्यु अनत

शायद अंग्रेजी का हिन्दी अनुवाद, हिन्दी पट्टी पर है। पर जाने की जल्दी है। वी.वी.आई.पी. विजिट है। हिन्दी टिप्पणी नोट नहीं कर पाता। अफसोस है। पर यहाँ का अतीत दिल-दिमाग पर छा जाता है। याद आता है 8-9 वर्षों पहले सूरीनाम में सागर के उस तट पर खड़ा रहने का दृश्य, जहाँ भारतीयों के पहले जत्थे को लेकर पहला जहाज आया था। वहाँ भी ऐसे ही छोटे-छोटे घाट। यहाँ घूमते हुए मुझे अपने पहले सम्पादक डॉ. धर्मवीर भारती की मॉरीशस यात्रा के चार बड़े अंश याद आए। हालाँकि उनके मॉरीशस अनुभव या पूरा लेख ही अत्यन्त पाठनीय और श्रेष्ठ है।

यहाँ भारत से इस बात का अन्दाजा भी नहीं लगाया जा सकता था कि वह द्वीप इतना सुन्दर है, इतना प्यार भरा है। दक्षिणी तट का शान्त, कहीं अंगूरी, कहीं धानी, कहीं फिरोजी, कहीं मन्दिर के पुराने पवित्र काई जमे पोखरों जैसे रंगवाला सुहावना समंदर, द्वीप को चक्र की तरह घेरे हुए लहरें उछालती प्रवाल रेखाएँ और उत्तरी तट का गहरा नीला और चट्टानों से टकराकर फेन उगलता विक्षुब्ध महासागर—गाढ़ी काली रात में ज्वालामुखी के शून्य वृत्ताकार क्रेटर पर खड़े होकर सचमुच आकाश छूने और तारे तोड़ लाने का अहसास। नीले धुन्ध में ढके पहाड़, मीलों फैले गन्ने के खेत, चीड़ के जंगल, पानी की लहराती झीलें, सारे द्वीप में हर सड़क पक्की, छोटे-छोटे कलात्मक कॉटेज, शामारेल की वह रहस्यमयी रंग-बिरंगी धरती और पॉपिलेमूस के थालीदार पत्तोंवाले शतदल कमल और सैकत तटों के जादू रेखाओं वाले शंख और चीड़ वनों के बारहसिंगे। अचरज होता है कि इस छोटे-से द्वीप को विधाता ने कैसे प्रेरित क्षणों में गढ़ा होगा! कौन सा देश है दुनिया में जहाँ प्रकृति ने इतना सौन्दर्य बाहर बिखेरा हो और इतना भावभीना प्यार लोगों के हृदयों में! ये दो आयाम हैं, इस इन्द्रधनुषी द्वीप के आन्तरिक और बाह्य सौन्दर्य के।

लेकिन एक तीसरा आयाम और है, जिसके बिना इस द्वीप की कहानी अधूरी रहती है। वह आयाम प्रत्यक्ष नहीं है। अन्तर्निहित है, पर एक बार जान लेने के बाद वह भी इस इन्द्रधनुष की अदृश्य प्रत्यंचा की तरह हर क्षण इस यात्रा में मन में टकराता रहा। वह आयाम है, उस अभागे इतिहास का, जो इस सुन्दर द्वीप के इन प्यार भरे लोगों के पूर्वजों की दुखद नियति से जुड़ा रहा। आज से सौ-डेढ़ सौ साल पहले चन्द फ्रांसीसी और अंग्रेज उपनिवेशवादी मालिकों द्वारा इन भारतीयों के पूर्वज धोखाधड़ी से शर्तबद्ध कुलियों के रूप में पकड़कर इस द्वीप में लाए गए थे। तब यहाँ

ये खुशनुमा खेत नहीं थे, ये सड़कें नहीं थी, जंगल विषैली झाड़ियों, नुकीली चट्टानों, घातक नागफनियों, और रोगाणु फैलानेवाले मच्छरों, डाँसों और बिच्छुओं से भरे पड़े थे। आरामतलब फ्रांसीसी और अंग्रेज उनमें पाँव रखते डरते थे और गुलाम बनाकर पहले लाए गए अफ्रीकी क्रियोल अनुशासनबद्ध नहीं थे। इस विश्वव्यापी उपनिवेशवादी पैशाचिकता के विरुद्ध सबसे बड़ा विद्रोह किया था, भारत में हिन्दी प्रदेश के बहादुर निवासियों ने, क्योंकि उनकी मातृभाषा हिन्दी लल्लो-चप्पो और खुशामद की नहीं, वरन् अक्खड़ आत्माभिमान की भाषा रही थी। वह विद्रोह सबसे ज्यादा चला था, वीर कुँवर सिंह के नेतृत्व में भोजपुर प्रदेश में और विद्रोह के असफल हो जाने के बाद अंग्रेज सबसे कठोर दंड उसी हिन्दी प्रदेश को देने पर तुले थे। वहाँ के गृह उद्योग बरबाद कर दिए गए, खेत रौंद डाले गए, गाँव के गाँव उजाड़ दिए गए और जब वहाँ का निवासी आश्रयहीन होकर भटकने लगा, तब उन्हें फुसलाकर, धमकाकर, धोखा देकर, लालच दिखाकर, कभी-कभी जबर्दस्ती उड़ा कर जहाजों में ठूँस दिया गया और कलकत्ता से इन बेबस गुलामों के झुंड पोर्ट लुई पर लाकर उतारे गए और जानवरों की तरह उन्हें काम में झोंक दिया गया। आज भी वे पत्थर की सीढ़ियाँ, वह नहाने का हौदा, वे कोठरियाँ सुरक्षित हैं, जहाँ उन्हें सैकड़ों-हजारों की संख्या में घास-पात की तरह ठूँस दिया जाता था।

हमने वह स्थान बाद में देखा, पर यह पहले से पढ़ा हुआ इतिहास द्वीप पर उतरने के साथ ही, एक अदृश्य प्रत्यंचा की तरह मन में झनझनाने लगा था। यह मीलों लम्बा गन्ने का सुहावना खेत, इसमें कितने भारतीय कुलियों को कोड़ों से मार-मार कर गड्ढे खोदकर गाड़ा गया होगा? यह सुहावना नीले फूलोंवाला विशाल वृक्ष, इसमें कितने कुलीन भारतीय म्लेच्छ फिरंगी के हाथों अपमानित होकर फाँसी लगाकर मर गए होंगे? पुराने लोगों ने बताया था कि शाम होते ही कोई घर से नहीं निकलता था क्योंकि फाँसी लगाकर मरे हुए कुलियों की प्रेतात्माएँ फँसियारा बनकर, झील में डूबे कुलियों की प्रेतात्माएँ पनडुब्बे बनकर शाम होते ही तांडव करने लगती थीं। आज भी उनके जीवन पर उस इतिहास की एक खौफनाक छाया अनजाने ही बैठी हुई है। इतने सुहावने मॉरीशस द्वीप की बहारदार शामें किस कदर उदास और सूनी होती हैं—वहाँ अब भी शाम होते ही द्वीप की सारी चहल-पहल अकस्मात् मर जाती है। उस पूरे द्वीप में गन्ने के हजारों खेतों के बावजूद किसी को गन्ने के रस की एक बूँद पीते नहीं देखा क्योंकि पीढ़ी-दर-पीढ़ी जिस गन्ने को वे अपना खून-पसीना एक कर उगाते थे, उसका एक टुकड़ा चूसने पर, उनके हाथों और जबड़ों को दो शहतीरों के बीच कसकर तोड़ दिया जाता था। आज वे भूल चुके हैं कि गन्ने का रस मीठा होता है, ताजगी देता है। गला सूखने पर पिया जा सकता है। उनकी प्यास इतिहास की यंत्रणाओं ने सुखा दी है।

इतिहास की यह कड़वी झनझनाहट कभी-कभी बड़े बेमौके मेरे मन को झकझोरने लगती थी। आज वहाँ के भारतीय परिवार समृद्ध हैं, सुशिक्षित हैं, देश-विदेश के अनुभव लेकर आए हैं। फ्रेंच, क्रियोल, अंग्रेजी में निष्णात हैं। किसी सेमिनार में कोई अभी-अभी फ्रांस में शिक्षा पाकर या अमेरिका में अध्ययन करके लौटा हुआ भारतीय मॉरीशन बोल रहा है और मेरा मन है कि सौ साल पहले लौट गया है। इसके पूर्वज आरा, शाहाबाद, आजमगढ़ किस जिले के किस गाँव के कुलीन किसान रहे होंगे? किस मेले-त्योहार में दलालों ने मिलकर उन्हें समझाया होगा कि मरिश द्वीप में सोना ही सोना भरा है? जाओ और थैली भर लाओ, कैसे कलकत्ते गए होंगे? किन सपनों के साथ? और जहाज पर चढ़ते ही उनकी मुश्कें बाँध दी गई होंगी, उन्हें अँधेरे तेल भरे तहखाने में धकेल दिया गया होगा, द्वीप पर उतारकर उन्हें कोठरी में डाल दिया गया होगा, किसी फ्रांसीसी मालिक ने उन्हें खरीदा होगा। एक बोरी पहनने, एक बोरी बिछाने को दी गई होगी, कोड़ों, ठोकरों, गालियों के साथ। वे अपने गाँव को कैसे याद करते होंगे? क्या अर्थ रहा होगा उनके लिए इन झरनों, झीलों, पहाड़ों, सौन्दर्य भरे समुद्र तटों का। जब उन्हें कोड़े पड़ रहे होंगे, तो क्या वैसा इन्द्रधनुष इनके खेत पर भी उगा होगा, जैसा मेरी राह पर उग आया था!

लेकिन अगर हिन्दीभाषियों का यह इतिहास केवल इस अत्याचार के समक्ष आत्मघात का इतिहास होता, तो आज मॉरीशस मॉरीशस न होता और मुझमें उसकी कथा सुनाने की उमंग न होती। इन दानवी अत्याचारों के समक्ष गुलामी के इस सबसे शर्मनाक दौर में इन भारतीयों ने अनथक श्रम और निष्ठा का परिचय दिया। जिस प्रकार चट्टानों, नागफनियों, जहरीली झाड़ियों, डाँसों, बिच्छुओं, फ्रांसीसी और अंग्रेजी उपनिवेशवादी राक्षसों से भरे द्वीप को आज संसार का सबसे सुहावना द्वीप बना दिया, वह तो अपनी जगह एक करिश्मा है ही, पर उन्होंने जिस तरह गुलामी की कड़ियों में पोर-पोर जकड़े हुए होने पर भी अपनी आत्मा को मरने नहीं दिया, अपनी संज्ञा को विस्मृत नहीं होने दिया, अपनी भारतीयता को मरने नहीं दिया, अपनी भाषा, अपनी संस्कृति, अपनी परम्परा को जितनी विचित्र स्थितियों में कठिन प्रयासों से जिन्दा रखा, वह किसी भी जाति के लिए गर्व से सर ऊँचा करनेवाली उपलब्धियाँ हैं। उनकी कोई जाति-पाँति नहीं रहने दी गई थी। उनको नम्बर बोलकर किसी व्यक्ति को किसी भी औरत के साथ रहने के लिए विवश किया गया था। एक स्त्री को बारह-बारह व्यक्तियों के साथ रखा गया था। उनको एक टाट का टुकड़ा छोड़कर कोई कपड़ा पहनने की मनाही थी। उन्हें घर के बाहर बीड़ी पीने की इजाजत नहीं थी। वे पूजा नहीं कर सकते थे। जरा सी भूल होने पर उनके घुटने और कलाई की हड्डियाँ तोड़ दी जाती थीं। दंड विधान इतना कड़ा था कि हर व्यक्ति के दो नाम

होते थे। एक खेत पर, एक घर पर, ताकि पुलिस से बच सकें। (मुस्लिम निवासियों के साथ कुछ रियायत थी, क्योंकि वे लश्कर थे। यानी सैनिक के रूप में अंग्रेजों के सहयोगी पहरेदार सिपाही। वही पुरानी बाँटो और शासन करो वाली नीति। क्रियोलों को रियायत थी क्योंकि उन्होंने अपनी पैतृक संस्कृति त्यागकर ईसाई धर्म और संस्कृति अपना ली थी। पादरी भी उनकी रक्षा करते थे। लेकिन शेष भारतीय कुली पशुवत् जीवन बिताने को बाध्य थे)। फिर भी वे हारे नहीं। अपनी संस्कृति बचा ले गए। (पिछले दिनों मॉरीशस गए थे)

(12 सितम्बर, 2011)

बिहारियों के श्रम से मॉरीशस स्वर्ग बना

बहुत वर्षों बाद (डॉ. भारती की मृत्यु के कुछ महीने पहले), हम सपरिवार उनके घर गए थे। उनका स्नेह था। हिन्दी राज्यों को लेकर उनकी बेचैनी, उनकी पीड़ा, उनके लेखन में तो है ही, उनकी बातचीत में भी प्रमुख विषय रहता था। हिन्दी इलाकों के प्रति इतना कंसर्न (लगाव), उनके स्वाभिमान की बातें, तेवर की बातें, इतिहास में उनके साथ किए गए छल, उनकी कुर्बानियों और बलिदान की बातें, बहुत कम लोगों से मैंने सुनी हैं।

जोगिया रंग की खद्दर की आधे बाँह की गंजी और उसी रंग की लुंगी में उन्होंने मुझे शारदा सिन्हा से मिलने की बात सुनाई और फिर उनके कई गीतों के मर्म समझाए। बताया कि महज गीत नहीं, इनमें हिन्दीभाषियों की पीड़ा और व्यथा की एक-एक दास्तान है। 'पनिया के जहाज से पलटनिया बन के अइहा पिया'—महज गीत नहीं है, यह भोजपुरी इलाके की धरती की व्यथा का काव्य है। इसी तरह डॉ. भारती ने शारदा सिन्हा के उस गाने का भी उल्लेख किया, जिसमें पति अपनी तुरन्त ब्याही पत्नी को छोड़कर जाता है, ताकि उसे सुख से रख सके। जब वह कमाकर लौटता हैं, तो आँखों से दिखाई नहीं देता। वह कुएँ पर खड़ी एक महिला से पूछता है, अपने घर का पता। संयोग से वह उसकी पत्नी होती है। फिर उन्होंने कहा कि भोजपुरी गानों और गीतों में क्या भाव, तथ्य और दर्द है, वह आज के लोग नहीं जानते-समझते। भोजपुरी धरती ने अपने स्वाभिमान की कीमत चुकाई। मेरे एक युवा साथी हैं, जो जगदीशपुर इलाके से आते हैं, उन्होंने मॉरीशस से लौटने पर बताया कि आज भी लोग याद करते हैं कि कैसे लोग किन गाँवों से वहाँ गए। बहुत स्पष्ट तो नहीं, पर बड़े-बुजुर्ग बताते हैं कि उनके दादा-परदादा कहते थे कि आरा के निकट कई गाँवों से लोग परदेश जाते थे। हरिगाँव जो हाल में चर्चित रहा, वह भी इसी इलाके में पड़ता है। बिहिया, बेलबनिया, सलेमपुर इलाकों में कई गाँव हैं, जहाँ से लोगों के बाहर जाने की बात कही जाती है।

26 अप्रैल की शाम को भारत की राष्ट्रपति 'इंदिरा गांधी सेंटर फॉर इंडियन कल्चर' में बोल रही थीं, तो उन्होंने मॉरीशस के ही एक कवि विश्वामित्र गंगा

आशुतोष की कविता का हवाला दिया—

नो गोल्ड डिड दे फाइंड
अंडरनिथ एनी स्टोन
दे टच्ड एंड टर्न्ड
येट, एवरी स्टोन दे टच्ड
इन टू सॉलिड गोल्ड दे टर्न्ड

(किसी पत्थर के नीचे
दबा कोई सोना
उन्हें नहीं मिला,
उन्होंने उसे छुआ
और बदल दिया
हरेक पत्थर को
ठोस सोने के रूप में)।

मेरे मित्र राज हिरामन मुझे मॉरीशस के सुदूर गाँव में ले गए। यह 1978 की मित्रता है, जब राज हिरामन को मॉरीशस से, डॉ. रामगुलाम ने बम्बई के टाइम्स ऑफ इंडिया ग्रुप (धर्मयुग) में प्रशिक्षण के लिए भेजा था। तब से राज से गहरा जुड़ाव है। वह कई बार भारत आए। बिहार-झारखंड भी आना हुआ। मुझसे मिले भी। उन्होंने कई चर्चित किताबें लिखी हैं। फिलहाल महात्मा गांधी इंस्टीट्यूट में वह वसन्त और रिमझिम पत्रिकाओं के वरिष्ठ सहायक सम्पादक हैं। अत्यन्त जीवन्त। उन्होंने रात में ही कहा—फजिरे में बात करूँगा।

यह शब्द खटका। न जाने कितने दशकों के बाद सुना क्योंकि गाँवों में भी अब ऐसे शब्द आधुनिकता की भेंट चढ़ रहे हैं। प्रयोग से गायब हो रहे हैं। गाँवों या पोर्ट लुई के शहर में देखा, भारत से गए हिन्दू घरों में ठीक बाहर, हर घर में तुलसी चौरा और महावीर स्वामी। यहाँ लगभग 51 प्रतिशत हिन्दू हैं।

17 प्रतिशत मुसलमान हैं। इनमें से भी अधिक हिन्दी राज्यों से ही गए थे। आज 28 प्रतिशत क्रियोल, शेष अन्य हैं। हालाँकि भारतीयों ने खूब प्रगति की है, पर आज भी यहाँ की अर्थव्यवस्था पर एक प्रतिशत फ्रांसीसी मॉरीशस समूह के लोगों का कब्जा है। तीन प्रतिशत चीनी लोग का रिटेल व्यवसाय और अन्य प्रोफेशनल क्षेत्रों में दबदबा है। क्रियोल ग्रुप आंशिक और सामाजिक रूप से पीछे है। हालाँकि सरकार इन्हें खूब राहत देती है। कुछ लोग कहते भी हैं कि दान और याचना ने इन्हें कर्मविमुख कर दिया है। पग-पग राहत, मदद के बन्दोबस्त हैं, एक बड़ा समूह मानता है कि सरकार की खैरात ने इन्हें परजीवी बना दिया है। श्रम करने की ताकत हर ली। पर उल्लेखनीय बात है कि इस तरह की मिली-जुली जनसंख्या के बावजूद

कभी कोई दंगा नहीं हुआ। भारतीय संस्कृति पूरी तरह जीवन्त है। राज ने सुनाया—नरसिंह राव का एक बयान। भारत के लोग जब अपनी संस्कृति भूल जाएँगे, तो उसके पार्ट-पुर्जे-कल मॉरीशस से ही मिलेंगे। आज भी यहाँ हिन्दुओं में संयुक्त परिवार की व्यवस्था है। फिजी, सूरीनाम, त्रिनिदाद-टोबैगो, गुयाना वगैरह देशों में जहाँ भारतीय मूल के लोग हैं, वहाँ ओल्ड एज होम बन रहे हैं, पर मॉरीशस में अब भी अनाथालय या वृद्धाश्रम नहीं हैं। एक गाँव प्रेमनगर जाना हुआ, जिसका पुराना फ्रेंच नाम क्योंतोरेल था। उस गाँव में देखा, सूरन, गागल, लीची, लौकी, आम के पेड़-खेती और बगीचा। एक गाँव का नाम चित्रकूट है, जो कि राम की याद में है। दूसरा पंचवटी भी है। रामगुलाम के नाम पर केवलनगर भी है। घर में लोग मोटिया बोलते हैं। मोटिया यानी गाँव की पुरानी भाषा। यहाँ साईं बाबा (पुट्टपुर्थी) के बहुत अनुयायी हैं। उनके बाद बाबा रामदेव लोकप्रिय हैं।

घर-घर में मन्दिर, घरों के अन्दर सरस्वती, कृष्ण, महावीर स्वामी, गाँव-गाँव मन्दिर। प्रेमनगर जाना हुआ, जहाँ 300-350 परिवार रहते हैं। बताया गया कि सब भोजपुरिया हैं। सबके घर में कारें हैं। टोयोटा कारें, अन्य वाहन, हर घर में गांधी की तसवीर भी है। यहाँ बड़े-बड़े तूफान आते हैं, समुद्री द्वीप है इसलिए। तूफानों के नाम औरतों के नाम पर हैं। 1960 तक यहाँ अगौर के घर थे। अगौर यानी ईख की सूखी पत्तियों से बने। यहाँ हल्दी, बैंगन, प्याज, लहसुन, चावल, टमाटर, कोहड़ा, लौकी, भिंडी, पपीता, लीची, नींबू, लागैन (सब्जी) सब थे। गाँव के बाहर काली मन्दिर, गाँव में घरों के बड़े-बड़े गेट नहीं, न कहीं मजबूत बाउंड्री। पता चला, क्राइम रेट वहाँ कम है। पर अमेरिकी आधुनिकता की लहर यहाँ के युवाओं पर भी है। लेकिन इन सबसे अलग उल्लेखनीय पहलू है, अपने श्रम, साहस और धीरज से पत्थर को भी सोने में बदल देनेवाले भारतीय मूल के लोगों की भूमिका की दास्तान।

मॉरीशस के सुविख्यात रचनाकार और दुनिया में चर्चित अभिमन्यु अनत से मुलाकात में यह बात और साफ हुई। उनके घर में हम बतिया रहे थे। पूछा—आजकल क्या लिख रहे हैं? उनका जवाब था—नाटक लिख रहा हूँ। वह पहले भी नाटक लिख चुके हैं। मंचन भी किया है। निर्देशन भी। मॉरीशस के जागरण में इन सांस्कृतिक या साहित्यिक हस्तक्षेपों की बड़ी भूमिका रही है। उनके नए नाटक का मूल मर्म एक गरीब किसान पर आधारित है। शीर्षक है—'प्रगति'। वह पूछते हैं—मॉरीशस को किसने स्वर्ग बनाया? न तो मुम्बईवालों ने, न दिल्लीवालों ने, न कोलकातावालों ने। संघर्ष किया बिहारियों ने। जब वे बिहारी बोलते हैं, तो उनका आशय हिन्दी इलाकों से गए सभी प्रान्तों के लोग हैं।

फिर बताते हैं आज बिहारी अच्छे घरों में हैं। उनके पास एक टुकड़ा जमीन है, घर-आँगन है, गाड़ी है। 30 वर्षों पहले ऐसा नहीं था। वह कहते हैं—चाचा

रामगुलाम और विष्णु दयाल आर्थिक और सामाजिक स्थिति में बदलाव के प्रणेता थे। इन दोनों की बदौलत आजादी मिली। देश में एकता हुई। वह कहते हैं—आज की नई पीढ़ी नहीं समझ रही कि लँगोटी पहने, लोटा लेकर शौच जानेवाला कैसे रहता था? यह एक व्यक्ति की कहानी नहीं, घर-घर की कहानी है, दास्तान है। घरों के दरवाजे छोटे होते थे, माँद जैसे। हर घर में निहुरकर घुसना होता था। घर का छाजन गन्ने के पत्तों का होता था। हमारे श्रम ने हमारी किस्मत बदली, 30 वर्ष बाद सिर से गन्ने का छाजन हटा। टीन की चादर चढ़ी। 30 वर्ष बाद कंक्रीट की छत हुई। यह हमारे श्रम और खून के उत्सर्ग से मिली प्रगति है। खून-पसीना और श्रम ने हमें जिन्दगी में रास्ते दिए। यह समृद्धि या बेहतरी अचानक नहीं आई, श्रम से धीरे-धीरे आई। हर घर में। अभिमन्यु अनत मानते हैं कि इसमें सबसे बड़ा योगदान महिलाओं का रहा। घर की महिलाएँ गाय-बकरियाँ पालती थीं। पुरुष खेतों में काम करते थे, कुली-मजदूरों के रूप में। अगर हमारी महिलाएँ गाय-बकरियाँ नहीं पालतीं, तो हमारे घर कैसे होते? महिलाएँ जंगल से घास काटतीं, बोझा के बोझा ढोतीं, तब जाकर मवेशी जीते थे। मर्दों से ज्यादा संघर्ष महिलाओं ने किया है। उन्होंने बताया कि जिस होटल में आप ठहरे हैं, वहाँ जंगल था। वहाँ से घास ढोकर लाते थे। घर में महिलाएँ जाँत (आटे की घरेलू चक्की) पीसकर काम करती थीं। ओखल-मूसल से...। भोजपुरी-हिन्दी की पूरी सांस्कृतिक थाती इन्होंने ही बचाकर रखी। अनत के घर में बैठा, मैं स्तब्ध यह सारी दास्तान सुन रहा था। कैसे परिश्रम से तकदीर बदली जाती है। याद आई, सिंगापुर की यात्रा। वहाँ हम सिंगापुर का इतिहास जानने संग्रहालय गए थे। कैसे मछुआरों के पिछड़े, साधनहीन और लगभग जंगली इलाकों को श्रम, संकल्प और दृष्टि से लोगों ने बदल दिया। विश्व के श्रेष्ठ देशों में से एक बना दिया।

(2011)

मगन भाई बने थे भारतीयों की आवाज

(अब तक आपने पढ़ा मॉरीशस में प्रवासी भारतीय मजदूरों के मेहनत की कहानी, जिन्होंने अपने श्रम से एक निर्जन और पथरीले जंगलों से घिरे द्वीप को स्वर्ग बना दिया। इससे आगे पढ़ें, कैसे मॉरीशस में भारतवंशियों ने लड़ी अपने हक की लड़ाई।)

24 अप्रैल को मॉरीशस रवाना होते ही राष्ट्रपति प्रतिभा देवी सिंह पाटिल ने अपने विशेष विमान में अखबारनवीसों से बात की, अपनी यात्रा के उद्‌देश्य और मकसद बताए। और बातों के साथ उन्होंने यह भी कहा कि हम दोनों देशों के तटों को न सिर्फ समुद्र पखारता है या जोड़ता है, बल्कि वहाँ रह रहे लोगों के पुरखों और हमारे बीच के एक अद्‌भुत रिश्ते को भी रेखांकित करता है।

यह सही है। यहाँ आकर गांधी का एक और प्रकाशमान चेहरा दिखता है। गांधी सामान्य या परम्परागत अर्थों में महान नहीं थे, उनके एक-एक कदम उनके इतिहास पुरुष (जो हजारों सालों में कभी-कभार आते हैं) होने के उदाहरण यहाँ (मॉरीशस में) भी हैं। वह डरबन से मुम्बई की यात्रा पर थे। 30 अक्टूबर, 1901 को उनका जहाज नौसेरवा पोर्ट लुई पहुँचा। किसी कारण या तकनीकी खराबी होने से वह 19 नवम्बर तक वहीं लंगर डाले रहा। गांधी का समय का महत्त्व और इस्तेमाल जानते थे। हालातों के नब्ज पर उनके हाथ थे। उन्होंने मॉरीशस द्वीप पर बसे प्रवासी भारतीयों की हालत देखी। 13 नवम्बर, 1901 को सार्वजनिक सभा की। कहा—मॉरीशस के चीनी उद्योग को भारतीयों ने खड़ा किया है। पर उनके जीवन में दुख और कठिनाइयाँ हैं। 27 सितम्बर को राष्ट्रीय कांग्रेस के कोलकाता अधिवेशन में उन्होंने एक रपट दी। यह प्रतिवेदन दक्षिण अफ्रीका और मॉरीशस में रह रहे भारतीयों की स्थिति से जुड़ा था। गोरे सामन्तों के अनाचार की बातें थीं। उनका मानना था कि जिन भारतीयों के श्रम, स्वेद (पसीना) और खून से अफ्रीकी देशों को समृद्धि मिली, वे खुद दुखों से घिरे हैं। कांग्रेस ने पहल की, पर कुछ हुआ नहीं। फिर महात्मा गांधी ने नया कदम उठाया। अपने एक साथी बैरिस्टर डॉ. मणिलाल-मगन लाल को मॉरीशस भेजा। भारतीयों के बीच काम करने के लिए। भाई

मगनलाल की कहानी आज के राजनीतिक हालातों में जानना राजनीति के सही और प्रभावी चेहरे को समझने जैसा है। बदलाव की नींव कहाँ होती है? संघर्ष या क्रान्ति की शुरुआत कैसे होती है? बिना साधन, संगठन, संसाधन कैसे आन्दोलन खड़े होते हैं? महज आत्मविश्वास, सदाचार और प्रतिबद्धता से कैसे हालात बदलते हैं? सात्त्विक प्रतिकार और नैतिक प्रतिबद्धता कैसे नए माहौल को जन्म देते हैं।

एक लँगोटधारी (भारतीयों के बीच गांधी इसी नाम से जाने जाते थे) ने अपने तेज, प्रताप और कौशल से कैसे भारतीयों को एक नई पहचान दी देश-दुनिया में। 1901 में ही कैसे गांधी के सरोकार बाहर के भारतीयों से भी जुड़े थे। न जाति की ताकत थी, न समुदाय की। न युवा वर्ग था और न पक्ष में कहीं कोई माहौल था। तब कैसे गांधी ने इतिहास बनाया। यह डॉ. मणिलाल-मगनलाल के जीवन प्रयोग से पता चलता है। भाई मगनलाल मॉरीशस पहुँचे। कोई जाननेवाला नहीं। उन्हें गांधी का सुझाव था। रंगभेद और जातिभेद के विरुद्ध काम करना। प्रवासी भारतीयों के कानूनसम्मत अधिकारों के लिए लड़ना।

गांधी का आदेश उनके लिए मिशन था। यानी तब नेता के प्रति कार्यकर्ता की कैसी अटूट आस्था थी! यह आस्था ही सम्बन्धित लोगों के लिए संकल्प और प्रतिबद्धता का स्रोत थी। मॉरीशस में आज भी श्रद्धा से मणिलाल याद किए जाते हैं।

1907 में वे मॉरीशस पहुँचे। चार वर्ष रहे। इसी अवधि में राजनीतिक जागरण का एक नया इतिहास लिखा। लगभग गुलाम भारतीय मजदूरों के मुक्ति आन्दोलन की शुरुआत हुई। भाई मणिलाल ने गांधीवादी तौर-तरीके अपनाए, सार्वजनिक सभाएँ करके प्रेरक भाषण देते, प्रस्ताव पारित कराते। भारतीयों के दुख और पीड़ा के दस्तावेज शासन को सौंपते। भारतीयों की पीड़ा को लेकर आवेदन लिखते, वे 'एकला चलो रे' के रास्ते पर थे, स्वावलम्बी या अकेले कार्यकर्ता। सुख-सुविधा कुछ थी नहीं। भारतीय मजदूरों को परिचय-पत्र साथ में लेकर घूमना होता था। अन्यथा वे जेल भेज दिए जाते थे। भारतीय खेतिहर ईख देते, तो गोरों की चीनी की कोठियों में उनका वजन कम मापा जाता। गोरों की कोठियों में सुबह-सुबह हाजिरी होती, उस वक्त गाली-गलौज, मारपीट मामूली बात थी। हालाँकि इस द्वीप में बसे उन लोगों में से दो-तिहाई भारतीय थे। पर किसी संस्था में उनका प्रतिनिधित्व नहीं था। सामन्तों के भय और जुल्म अलग थे। उनके प्रति कहीं दया-ममता नहीं थी। सहृदय लोग उनकी स्थिति देख पसीज जाते। ऐसे ही एक गोरे सज्जन थे, जर्मनी में जन्मे फ्रांसीसी डॉ. आल्दोफ दे प्लेवित्ज। अपने ससुर के घर मॉरीशस आए थे, उनकी कोठी सँभालने। भारतीय मजदूरों की हालत देखकर वे पसीजे। विरोध शुरू किया। फिर पोर्ट लुई के चौराहे पर बेंत से उनकी पिटाई हुई। डॉ. आल्दोफ के बारे में सुनकर एक दूसरे मशहूर फ्रांसीसी याद आए। फैनन, द रेचब्ड ऑफ द अर्थ के

लेखक। इसी तरह गांधी जी के कई गोरे साथियों की स्मृति उभरी। सेंट एंड्रयूज की भी। मनुष्य का विवेक अद्भुत है, जब उसके अन्दर का इनसान जगता है तो वह जाति, धर्म, रंग सब छोड़कर न्याय के साथ खड़ा होता है।

मगन भाई और गांधी के काम ने विश्व जनमत बनाया। मॉरीशस में भी भारतीयों की दुर्दशा जाँचने के लिए एक रॉयल कमीशन बना। इसके अध्यक्ष थे सर फ्रैंक स्वेनेथम। 18 जून, 1908 को कमीशन मॉरीशस आया। भारतीयों की ओर से बोलनेवाला कोई नहीं था। न कोई स्थानीय नेता। तब मणिभाई ने कमीशन के सामने भारतीय समुदाय का पक्ष रखा। 72 वर्ष पहले शर्तबन्द भारतीय मजदूर यहाँ आए थे। उसके बाद भारतीयों की पहली आवाज कोई बना, तो वे थे मगन भाई। इसके पहले तक भारतीय समझते थे कि यातनाएँ और शोषण उनके जीवन का हिस्सा हैं। भाग्य में बदा, ललाट पर लिखा। मणिभाई ने कौशल के साथ भारतीयों का पक्ष रखा। नैतिक सवाल उठाए। फ्रेंच सामन्तों ने डराया-धमकाया, उन्हें गवाही नहीं देने दी।

मणिभाई के पास सबूत नहीं थे, फिर भी उन्होंने शिकायत की कि छोटे खेतिहरों के गन्ने गोरों की चीनी कोठियों में कम कर तौला जाता है। गोरे चीनी मालिकों का भय था, कोई गवाह नहीं था। मगन भाई की प्रतिष्ठा दाँव पर थी। उन्हें खेतिहरों के पक्ष में सबूत नहीं मिल रहा था। प्रकृति या ईश्वर ने चमत्कार किया। जयपाल मराज नामक एक छोटा खेतिहर उठ खड़ा हुआ। और सारी बातें साफ-साफ रख दीं। भूचाल आ गया। मॉरीशस के सबसे प्रभावशाली गोरे घराने से यह शिकायत जुड़ी थी। बाद में मालिक ने एक थानेदार के माध्यम से जयपाल को बुलाया। पर, वहाँ वह डट गया।

भारतीयों की मुक्ति के लिए लड़नेवाले ऐसे अनेक अनाम योद्धा हुए। कमीशन ने अपनी रिपोर्ट दी। उसने भारतीयों की बदतर हालत को माना।

मणिभाई ने श्री हिन्दुस्तानी नाम से साप्ताहिक प्रकाशन भी शुरू किया। इसमें मानव स्वतंत्रता, उसके नैतिक रूप, इन विषयों पर बात होती थी। लोगों को जागरूक बनाने का प्रयास। दासत्व प्रथा की आलोचना, कुली प्रथा की पीड़ा, रंगभेद के दुष्परिणाम। कुछ ही दिनों तक यह पत्रिका चली। फ्रेंच पूँजीपति उन्हें बहुत तंग करते थे। उन पर ईंट-पत्थर, टमाटर वगैरह फेंके जाते थे। अभद्र व्यवहार होता था। पर मणिभाई गांधीवादी थे। उनमें धीरज था। वह कभी झुके नहीं। कुछ वर्षों तक काम करने के बाद चले गए। फिजी में प्रवासी भारतीयों के बीच काम करने, उन्हें सहायता करने।

श्री हिन्दुस्तानी प्रेस और उसके स्टाफ को आर्यसभा पोर्ट लुई को सौंप दिया। सामाजिक सुधार के लिए उन्होंने रंगून से एक भारतीय डॉक्टर चिरंजीवी भारद्वाज

को मॉरीशस बुलवाया। तीस साल बाद जब मॉरीशस की राजनीति में भारतीय निर्णायक स्थिति में पहुँचे, तब मणिभाई मॉरीशस आए। तत्कालीन प्रधानमंत्री सर शिवसागर रामगुलाम ने उनके स्वागत में कहा—महाभारत के योद्धाओं के समान आप दीर्घकाल के बाद वापस आए हैं। यह सम्पूर्ण देश आपके चरणों पर है।

1956 में भारत में मगनभाई के देहान्त पर पूरे मॉरीशस ने उन्हें याद किया, उनकी प्रतिमा वहाँ है। मणिभाई की कहानी प्रेरक अध्याय है। कैसे एक संकल्पवान राजनीतिक कार्यकर्ता अपने नैतिक बल और प्रतिबद्धता की पूँजी के साथ एक समूह को जगा सकता है! सात्त्विक और नैतिक तरीके से अकेले वह दुनिया की सबसे ताकतवर सत्ता (ब्रिटिश साम्राज्य) से टकरा सकता है!

आज मॉरीशस के लोग उन्हें प्रकाशपुंज के रूप में याद करते हैं। मगनभाई जैसे लोगों द्वारा रखी नींव पर ही आज भारतीय समाज मॉरीशस में विकास और उपलब्धि का नया अध्याय लिख रहा है।

(यह लेख लिखने में डॉ धर्मेन्द्र प्रसाद के लिखे लेख 'मॉरीशस के भारतीय मजदूरों के संघर्ष' से पर्याप्त जानकारी, तथ्य और मदद मिले हैं)

(13 सितम्बर, 2011)

'बइठकों' से बदले हालात

राज हिरामन मेरे मॉरीशसवासी मित्र ने बइठकों की चर्चा की। हिन्दी में जिन्हें बैठका कहते हैं। कैसे बइठकों ने बदली लोगों की जिन्दगी? मॉरीशस के हालात, राजनीतिक और सामाजिक जागरूकता के सशक्त मंच बन गए बैइठके।

अपनी धरती से 6000 किलोमीटर दूर यह भोजपुरी शब्द सुनते ही गाँव याद आए। 40 वर्ष पहले के दृश्य। गाँवों में कौड़ा, दालान, पकड़ी या बरगद के नीचे साँमूहिक बैठकें होती थीं। मन्दिरों के प्रांगण में भी। इन बैठकों में सामूहिक चर्चाएँ होती थीं। गाँव-घर से लेकर दुनिया जहान की बात। कलकत्ता में देखा अड्डा जमाना, महाराष्ट्र में इसका अलग रूप देखा, आन्ध्र प्रदेश में भी। झारखंड के गाँवों में तो पहले से ही पंचायत पद्धति रही है। पंचों या अखाड़ों का महत्त्व है। ये कैसे मंच हैं? नाम अलग-अलग पर, भाव-भंगिमा में लगभग समान। ये सभी सार्वजनिक मंच हैं, जहाँ लोग साझा दुख बाँटते हैं, देश-दुनिया की बातें करते हैं, मुद्दे तय करते हैं।

पानी के जहाज से भले ही मॉरीशसवासी अपनी धरती से दूर हो गए हों, पर वे बइठका को मॉरीशस ले गए। परायी धरती, नया माहौल, गोरे शासक, पर बइठका ही वो मंच था, जब वे आपस में मिलते और अपनी पीड़ा बाँटते। इसका सामाजिक स्वरूप लगातार निखरा। अर्थशास्त्री और समाजशास्त्री अध्ययन कर सकते हैं कि मॉरीशस के विकास में बइठका का क्या योगदान रहा। बइठका यानी सामूहिक मंच। सबके सवालों पर परामर्श का फोरम। आधुनिक आर्थिक विकास में निजत्व पर जोर है। यह मर्म में व्यक्तिवादी है। व्यक्तिवाद से बड़े बदलाव नहीं होते, पर सामूहिक मंच सामाजिक बदलाव का सबसे कारगर मंच है। यह साबित हुआ मॉरीशस में बइठकों के प्रयोग से।

बइठका भारत से आए लोगों के लिए शिक्षा का एक मंच भी बना। सम्पूर्ण विकास का मूल स्रोत। वह मंच जहाँ उत्सवों और पर्वों के माध्यम से धर्म, भाषा, संस्कृति आदि का प्रचार-प्रसार हुआ, हर गाँव में खटनेवाले भारतीय को लगा कि शाम में मिलने-जुलने का कोई मंच होना चाहिए। अलग कमरा हो या बइठका। बइठका का अर्थ मॉरीशस में लोग बताते हैं रमयनियों (रामायण बाँचनेवाले) के बैठने का स्थान। सभासदों या पंचों के बैठने की जगह या कमरा। या वह स्थान जहाँ

प्राय: बच्चों के लिए हिन्दी कक्षाएँ चलती थीं। इस बइठका का रखरखाव, निर्माण, लिपाई-पुताई आदि सार्वजनिक जलसे में होता था। इन बइठकों का महत्त्व मन्दिर जैसा होता। दिन भर खटनेवाले भारतीय मजदूर शाम को घर लौटते, तो उन्हें बच्चों की चिन्ता सताती। उनका भविष्य कैसे बने, इस पर चर्चाएँ होतीं। इस तरह बच्चों के लिए स्कूल शुरू हो गए। जो थोड़े पढ़े-लिखे लोग थे, वे अध्यापक बन गए, बिना तनख्वाह के। बच्चे नंगे पाँव ही बइठका पहुँचते। मारकीन का कुर्ता और खाकी की निकर पहनकर पटसन की चटाई पर पालथी मारकर बैठते थे।

पूजानन्द नेमा ने बइठका के उद्गम, महत्त्व और भूमिका पर प्रभावी अध्ययन किया है। उनके इस अध्ययन का नाम है—बइठका : भारतीय आप्रवासियों का सर्वोदय स्रोत।

पूजानन्द नेमा कहते है—बइठका दो बजे खुल जाता था। तीन बजे विद्यार्थी जुटते, पढ़ाई छह बजे तक चलती। शनिवार को भी बइठका खुलता। शनिवार पाटी पूजन का विशेष दिन होता था। सभी बच्चे अपनी पाटी धोकर करीने से केले के पत्ते पर रखते। फिर उस पर पान-्फल-मिठाई आदि चढ़ाकर पाटी की पूजा करते थे। संझा (सन्ध्या) दी जाती थी। कभी बच्चे सरस्वती देवी को चना, चावल, चीनी आदि भी चढ़ाते थे।

दूसरे साल तक बच्चे रामायण पढ़ने लग जाते थे। साथ ही भारत का इतिहास भी पढ़ाया जाता था। इस तरह बइठका सामाजिक नवजागरण के केन्द्र बन गए। बइठकाओं और मठियाओं में पढ़ाई शुरू हो गई। 1911 में एक कन्या पाठशाला खुली। कई लोगों ने अपनी कमाई लगाकर बइठकों का निर्माण कराया। गीता, पुराण की भी पढ़ाई होती। 1950 तक मॉरीशस में बइठकाओं की संख्या 400 से अधिक हो चुकी थी। इनमें शादी, विवाह, उत्सव होने लगे। महिला समाज का भी गठन हुआ। बर्तन-हाँड़ी की भी व्यवस्था हुई। कहीं कोई गाँव में मर जाता, तो पहले से बनी सभा का छड़ीबरदार या धावन (धावक) गाँव भर घूमकर सबको मरनी का हाल देता था। शादी-ब्याह का न्योता भी धावन ही देता था या गाँव का ठाकुर।

1939 में प्रो. वासुदेव विष्णुदयाल भारत से पढ़कर मॉरीशस लौटे, उन्होंने इन बइठकाओं को सामाजिक, धार्मिक और सांस्कृतिक आन्दोलन का मंच बनाया। वे गीता के जाने-माने वक्ता थे। मॉरीशस निर्माण में इनकी बड़ी महत्त्वपूर्ण भूमिका थी। इस तरह नवजागरण के मंच बने ये बइठका। हिन्दी बइठकाओं की तरह ही तमिल, तेलुगु, मराठी और उर्दू भाषियों के यहाँ भी पाठशाला या मंच बने। तमिल मन्दिर में ऐसी ही गतिविधियाँ होती थीं। मराठी भाषा में समानार्थक शब्द धर्मशाला है। इसी तरह बइठकाओं ने मॉरीशस में जागृति और उत्थान का नया अध्याय रचा।

(17 सितम्बर, 2011)

रोटी के लिए अंग्रेजी दर्द की दास्तान हिन्दी में

मॉरीशस से लौटते हुए राष्ट्रपति के विमान में उनसे मेरा पहला सवाल था—आपकी मॉरीशस यात्रा के सबसे यादगार क्षण, उपलब्धि और पहलू आपकी नजर में क्या हैं? जवाब सटीक था—हर क्षण यादगार। हर चीज में वहाँ की सरकार ने रुचि ली। हर वक्त वहाँ के प्रधानमंत्री साथ रहे। जब मुझे डॉक्टरेट की उपाधि दी गई, तब राष्ट्रपति और प्रधानमंत्री साथ थे। वह क्षण भी यादगार है। इसी तरह इस धरती पर पाँव रखते ही मुझे अपने 35 वर्ष पुराने मित्र राज हिरामन की याद आई। हम बम्बई में मिले, जब सपने देखने की उम्र थी। अभाव था, पर हौसले थे। उन्हीं दिनों मॉरीशस के प्रमुख लेखक अभिमन्यु अनत की चर्चा की। उन्हें पढ़ा था। उनकी चीजें मन को छूती थीं। मॉरीशस की धरती पर उतरते ही उनकी चर्चित कृति 'लाल पसीना' की स्मृति हो आई।

राष्ट्रपति यात्रा से छिटककर राज हिरामन के साथ हम अभिमन्यु अनत जी के घर मिलने गए। 70 से अधिक की उम्र। लोगों से बहुत कम ही मिलते हैं। उनकी इस कृति का अनुवाद कई भाषाओं में हो चुका है। फ्रेंच में भी। 'लाल पसीना' के फ्रेंच अनुवाद की भूमिका लिखी नोबेल पुरस्कार विजेता जाँ मारी गुस्ताव लेक्लेज्वो ने। वे अब फ्रांस में ही रहते हैं। कभी मॉरीशस में रहे। वे अभिमन्यु जी के निजी मित्रों में से हैं। तीन दर्जन से अधिक पुस्तकों के रचनाकार अनत जी के घर में घुसते ही तुलसी चौरा और महावीर स्वामी के मन्दिर मिले। नीचे की मंजिल पर उनके भाई रहते हैं। ऊपर के मंजिल पर अनत जी। बड़े प्रेम और आत्मीयता से मिले। 'धर्मयुग' से उनका जुड़ाव था। किताबों से सजा एक बड़ा कमरा था, उसी में उनसे मिलना हुआ।

देखते ही बोले—डॉ. धर्मवीर भारती, महावीर अधिकारी और कमलेश्वर की देन है। मेरे निर्माण में उनका बड़ा योगदान रहा है। स्मरणीय है कि डॉ. भारती धर्मयुग के सम्पादक थे, तब यह पत्रिका 6-7 लाख प्रति सप्ताह बिकती थी। महावीर अधिकारी नवभारत टाइम्स, बम्बई के सम्पादक थे, जबकि कमलेश्वर 'सारिका' सँभाल रहे थे। तीनों ने मॉरीशस के हिन्दी रचनाकारों को हिन्दी की दुनिया से जोड़ने का बड़ा काम किया।

मेरी जिज्ञासा थी कि आप हिन्दी लेखन में कैसे मुड़े? जवाब था—पढ़ता था। मेरे पिता आर्यमित्र पत्रिका के पाठक थे। पर मुझे कहते थे कि हिन्दी से रोटी नहीं मिल सकती। अंग्रेजी, फ्रेंच पढ़ो। हिन्दी की पुस्तकें छिपाकर पढ़ता था। अंग्रेजी और फ्रेंच पत्रिकाओं में छिपाकर। पर माँ ने कहा—तुम हिन्दी में ही बढ़ोगे। इस तरह मेरी पहली कहानी सांस्कृतिक पत्रिका 'रानी' में छपी। पत्रिका हाइकमीशन से मिली थी। अध्यापक था, कहानी भेजी। 3-4 सप्ताह बाद यह पत्र मिला कि मेरी कहानी छाप रहे हैं। 40 रुपए का चेक मिला। कारवाँ चल पड़ा। घूम-घूमकर चेक देखता था। मॉरीशस के पुनर्जागरण के अग्रणी इतिहासनायक विष्णु दयाल ने कहा कि तुम लेखक बनोगे। तब से अब तक 75 पत्रिकाओं में अभिमन्यु जी का लिखा छपा। पहला उपन्यास था 'और नदी बहती रही'। यह बड़ा ही रोमांटिक उपन्यास था। मेरी माँ ने हौसला बढ़ाया। मैं स्कूल में अध्यापक था। हिन्दी बड़े संघर्ष से मॉरीशस में भाषा बनी थी। तब बइठका में समाज बैठता था। अगर गलत काम किया, तो बइठका में ही फैसला होता। कोर्ट और परिवार की तरह। शादी में मदद पर बइठका में ही फैसले होते। बइठका से ही हिन्दी मॉरीशस में फैली। हिन्दी के लिए संघर्ष बइठका मंच से हुआ। उन्हीं दिनों विष्णु दयाल का भी नारा गूँज रहा था—

छोड़ो मोटिया, छोड़ो क्रियोली
घर-घर हिन्दी बोलो।

मैंने जानना चाहा कि वह किन दो पुस्तकों को महत्त्वपूर्ण मानते हैं। उन्होंने बताया—'लाल पसीना' और 'लहरों की बेटी'। लहरों की बेटी समन्दर के जीवन में संघर्ष की कथा है। वह भी महिला द्वारा। पूछता हूँ—इसका यथार्थ से ताल्लुक है! जवाब देते हैं—हाँ, है। यह अनुभवों के संसार से उपजा है। अनत जी की बहन की शादी समुद्र के किनारे के गाँव में हुई थी। वहाँ जाकर वे रहे। समुद्र का जीवन देखा। बहन के घर पर ही कविताएँ लिखनी शुरू की।

तब विकट तूफान आते थे। वहाँ की भाषा में टाइकॉन। घर-बार सब कुछ उड़ा ले जानेवाला तूफान। तब अभिमन्यु जी हिन्दी में कविताएँ लिखते थे। बताते हैं कविता की पुस्तक ऐसे ही तूफान में देखते-देखते उड़ गई।

मेरे मन पर 'लाल पसीना' का इतिहास-बोध दर्ज है। पूछता हूँ—लाल पसीना की पृष्ठभूमि। बताते हैं—इसमें मेरे मामा की कथा है। वे बिहार से आए थे। क्रान्तिकारी थे। गन्ना काटते थे। अन्य साथियों के साथ। एक साथी थक गया था। कमर सीधी करने के लिए खड़ा हुआ। गोरे मालिक ने चाबुक से मारा। मेरे मामा से रहा नहीं गया। तब इन मजदूरों के सरदार या मेठ, हमारे बीच के लोग ही होते थे। हमारे लोग भी अपने लोगों पर अत्याचार करते थे। गोरों के इशारे पर। मेरे मामा बर्दाश्त न कर सके। उन्होंने हमलावर गोरे को पत्थर पर धकेल दिया। फिर भाग

निकले। वह जानते थे कि पकड़े गए, तो बचेंगे नहीं। इसलिए वे भागकर बनारस चले गए। बनारस भारत में नहीं, मॉरीशस में ही एक दूर के इलाके का नाम रखा था भारतीयों ने। वे वहीं बस गए। हिन्दी पढ़ाते। एक निश्चित अवधि तक ऐसे अपराध करनेवाले पकड़ में न आते, तो वे लुप्त हो जाते थे।

मेरे पिताजी की दुकान थी। सिगरेट, मिठाई और सब्जियों की। वहाँ बैठकर फ्रेंच पढ़ता था। वहाँ भारत से दादाजी, नानीजी, दादीमाँ और नानाजी आए हुए थे। मेरे पिता का जन्म यहीं हुआ। वह कहते हैं, जब वह संघर्ष याद करता हूँ, तो रोमांचित होता हूँ, फिर अभिमन्यु जी बताते हैं—मेरे घनिष्ठ मित्र जाँ मारी (नोबेल पुरस्कार विजेता) कहते हैं कि पुरखों का संघर्ष जबर्दस्त था। मगर आज युवाओं में भटकाव है। वे गुमराह हो रहे हैं।

फिर अभिमन्यु जी बताते हैं—चाचा रामगुलाम की पत्रिका के बारे में। पत्रिका थी 'एडवांस'। उसमें कुछ दिन लिखा। भारत में नियमित लिखता रहा। पारिश्रमिक भी मिला। राजकमल से पहली पुस्तक छपी। तब शीला सन्धू मालकिन थीं। उन्होंने कहा—अब इस नदी को बहते रहने दो। अभिमन्यु जी की पुस्तक का शीर्षक था—और नदी को बहते रहने दो। वे कहते हैं—दिल्ली में प्रकाशकों का बड़ा स्नेह और सहयोग मिला। दिल्ली जाने पर उन्होंने होटल में नहीं ठहरने दिया। सभी प्रकाशकों ने सही भुगतान किया। पर अपना फ्रेंच अनुभव बताते हैं। भुगतान जो फ्रेंच में मिलता है, उसका एक-तिहाई भी हिन्दी में नहीं है। फिर वह साफ करते हैं कि पैसे के लिए कभी नहीं लिखा। फ्रेंच में किसी कृति पर वर्ष में दो बार भुगतान किया जाता था। जनवरी और अगस्त में।

पूछता हूँ—इन दिनों क्या लिख रहे हैं? कहते हैं—नाटक। अभिमन्यु जी ने अनेक नाटक लिखे, उनका निर्देशन और मंचन किया। गाँव-गाँव घूमकर नाटक दिखाते। हर जगह 2000-4000 की भीड़ जुटती। वह मानते हैं कि मॉरीशस के जागरण में इस नाटक अभियान का बड़ा योगदान रहा है। वह हिन्दीभाषियों के श्रम और योगदान को रेखांकित करते हैं। फिर विद्यानिवास मिश्र का स्मरण करते हैं। उनकी एक कथा सुनाते हैं। मॉरीशस की धरती पर उन्होंने कहा था—हिन्दी धमनियों में बहनेवाली भाषा है, पढ़ो और खूब पढ़ो, पर एक बात न भूलो, जो तुम्हारे शोषक हैं, उनकी भाषा जरूर सीखो। उन्हीं की भाषा में अधिकारों की माँग करो। उन दिनों को याद करके वे कहते हैं—आज टी.वी. में फ्रेंच, अंग्रेजी और क्रियोल में जो उद्घोषक हैं, उनमें से अधिकांश हिन्दीभाषी युवक-युवतियाँ हैं। 23-24 साल की उम्र के। फिर निष्कर्ष में बताते हैं कि हमने हिन्दी की सेवा नहीं की, हिन्दी ने जरूर हमारी सेवा की है।

फिर वे बताते हैं—अंग्रेजी और फ्रेंच अच्छी तरह जानता हूँ। 15 वर्षों तक इन

भाषाओं में लिखा। इन पर मुझे अच्छे पेमेंट भी मिले। पर छोड़ दिया। कहते हैं—उपन्यास लिखने की इच्छा हुई। जाति और धर्म के प्रसंग को लेकर। आज मॉरीशस में चार समूह रहते हैं। क्रियोल, हिन्दू, मुसलमान और गोरे। चीनी भी हैं। वे धनी हैं, पर बहुत नहीं हैं। 5 प्रतिशत गोरे हैं। 17 प्रतिशत ईसाई। धीरे-धीरे गन्ने के कारखाने सिमट रहे हैं। तब 40-50 कारखाने थे, अब 4-5 रह गए हैं। गोरे भारतीयों के मुँह पर थूकते थे। हमारे पास पसीने की पूँजी थी। जिस लाल पसीना को चुकाकर हमने इस धरती को स्वर्ग जैसा सुन्दर बनाया। भोजपुरी आज भी घर-घर की भाषा है। 50 साल की उम्र के लोग बोलते हैं, आपस में आत्मीयता से भोजपुरी में बात करते हैं, नस-नस में, धमनियों में यह भाषा और संस्कृति बहती है। हालाँकि पुरानी धमनियों में अब पहले वाली शक्ति भी न रही। नई पीढ़ी भोग के पीछे भाग रही है। पुराने लोग दिल की बात करते हैं। कहते हैं, भोजपुरी के शब्द लोकप्रिय हैं। जाँता, ओखली, मूसल, सिल, लोढ़ा, पीढ़ा, शादी के रिवाज-गीत आदि। अब बइठका को भी आधुनिक रूप दिया जा रहा है। पर यहाँ आधुनिकता का जोर ज्यादा है, भारतीयता का कम।

अभिमन्यु जी के लेखन में भारत के शुरुआती दिनों के दुख और पीड़ा के विवरण है। 'लाल पसीना' पढ़ने से ध्वनित होता है कि जब महामारी में हल खींचनेवाले बैलों की कमी होती थी, तब भारतीय मजदूरों के कन्धे ही काम आते थे। यह आप्रवासियों के वंशक्रम की पहली पीढ़ी की पीड़ा है। 'गूँगा इतिहास' नाटक में वे उल्लेख करते हैं कि जिस दिन अपनी आँखों से उसने अपने बाप को बैल की जगह ईख के बोझ को खींचते देखा था, उस दिन उसके भीतर के प्रश्नों ने पिघलकर आक्रोश को उभार दिया।

दूसरी पीढ़ी के आक्रोश ने बदलाव की बुनियाद डाली। सवाल पूछने का माहौल बना था। एक जगह वे कहते हैं कि अगर शुरू से ही प्रश्न किया गया होता, तो स्थिति यह नहीं होती।

इस माहौल में भारतीय जीवन पद्धति और प्रतीक जीवन को ताकत देते हैं। गोदना तब प्रचलित और प्रिय भारतीय प्रतीक था। अभिमन्यु जी कहते हैं—भारतीय मजदूरों के साथ पौरुष और सहनशीलता थी। गठरियों में रामचरितमानस, हनुमान चालीसा और आल्हा से जुड़े ग्रन्थ होते थे। ये पुस्तकें इन्हें आत्मबल दिया करती थीं। शून्य के बीच उन्हीं पुस्तकों से अपने संघर्षों को बनाए रखने की प्रेरणा और शक्ति पाते थे। गन्ने के खेतों में खून-पसीना एक करनेवाले मजदूरों को मामूली भूल पर भी कोड़ों की मार और गालियों की बौछार पड़ती थी। रामायण का पाठ अपराध माना जाने लगा। आल्हा पढ़ने पर दंड दिया जाता। मजदूरों के हाथ से हिन्दी पुस्तकें छीनकर जला दी जाती थीं। समूह में रामायण और आल्हा पढ़ना वर्जित था। किसी

झोंपड़ी की दीवार पर राम का नाम लिखा होता, तो घर के मालिक को गोरे के सामने उपस्थित होकर दंडित होना पड़ता। इन हालात में भारत से गए लोगों ने अपनी भाषा, संस्कृति, धर्म, पहचान आदि बनाए रखी। हर बन्दिश के बावजूद सत्संग के कार्यक्रम होते। हवन–पूजा होती। वे कहते हैं हिन्दी की निःशुल्क पढ़ाई शुरू हुई। कई लोग खेतों में कड़ी मेहनत करने के बाद शाम को बइठकों में हिन्दी पढ़ाने जाते। इस तरह पूरे देश में हिन्दी की निःशुल्क कक्षाएँ चलीं। अभिमन्यु जी कहते हैं—भाषा और विधा के इतिहास में इतना बड़ा आन्दोलन शायद ही कहीं हुआ हो! हालाँकि वहाँ भी बुद्धिजीवी कहलाने के लिए अंग्रेजी और फ्रेंच अनिवार्य थीं। फिर भी अपनी अस्मिता के लिए हिन्दी पढ़ना नहीं छोड़ा। जिन संस्थाओं ने हिन्दी की अलख जगाए रखी, वे हैं—आर्यसभा, सनातन हिन्दू सभा, हिन्दी प्रचारिणी सभा।

अभिमन्यु जी उन दिनों को याद करते हैं। चाँदनी रात में जब भारतीय मजदूर थकान मिटाने के लिए चबूतरे पर जमा होते, लोकगीत गाते, तो कोठी का सरदार ऐसा करने से रोकता।

तो उन्हें पीड़ा भी है कि मॉरीशस के फ्रेंच और अंग्रेजी लिखनेवालों को जो मान्यता फ्रांस और इंग्लैंड में मिलती है, वो हिन्दी लेखकों को भारत में नहीं। उनके अनुसार, मॉरीशस में 300 से अधिक पुस्तकें लिखी गई हैं। सबके पीछे लम्बी संघर्ष कथा है। वे कहते हैं—हिन्दी में पढ़ना–लिखना, केवल रोटी से जुड़नेवाला सवाल नहीं है।

(19 सितम्बर, 2011)

❂❂❂

अमेरिका यात्रा के दौरान मार्टिन लूथर किंग के आवास पर

सेनफ्रांसिस्को में अमेरिकी गाइड के साथ

एक अमेरिकी परिवार में रात के खाने पर

सेनफ्रांसिस्को में गांधी मूर्ति के नीचे

तक्षशिला (पाकिस्तान) संग्रहालय में

पाकिस्तान के खूबसूरत शहर मरी में